U0530615

大家小书

回忆鲁迅先生

萧红 著

北京出版集团
北京出版社

图书在版编目（CIP）数据

回忆鲁迅先生 / 萧红著. — 北京：北京出版社，2022.4（2024.5重印）
（大家小书）
ISBN 978-7-200-15235-7

Ⅰ. ①回… Ⅱ. ①萧… Ⅲ. ①散文集—中国—现代 Ⅳ. ①I266

中国版本图书馆CIP数据核字（2019）第297970号

总　策　划：安　东　高立志
项目统筹：吴剑文
责任编辑：王忠波　吴剑文
责任印制：陈冬梅　燕雨萌
装帧设计：人马艺术设计·储平

·大家小书·

回忆鲁迅先生

HUIYI LUXUN XIANSHENG

萧红　著

出　　版	北京出版集团 北京出版社
地　　址	北京北三环中路6号
邮　　编	100120
网　　址	www.bph.com.cn
总 发 行	北京出版集团
印　　刷	北京华联印刷有限公司
经　　销	新华书店
开　　本	880毫米×1230毫米　1/32
印　　张	6.875
字　　数	100千字
版　　次	2022年4月第1版
印　　次	2024年5月第2次印刷
书　　号	ISBN 978-7-200-15235-7
定　　价	42.00元

如有印装质量问题，由本社负责调换
质量监督电话　010-58572393

目录

回忆鲁迅先生

回忆鲁迅先生 _3

附录一：鲁迅的生活（许寿裳） _54

附录二：鲁迅和青年们（景宋） _84

后记 _135

萧红关于鲁迅作品辑

海外的悲悼 _139

离乱中的作家书简 _141

鲁迅先生记（一） _145

鲁迅先生记（二） _148

逝者已矣 _155

记忆中的鲁迅先生 _159

记我们的导师——鲁迅先生生活的片段 _177

拜墓诗——为鲁迅先生 _185

民族魂鲁迅 _187

回忆鲁迅先生

回忆鲁迅先生

鲁迅先生的笑声是明朗的,是从心里的欢喜。若有人说了什么可笑的话,鲁迅先生笑得连烟卷都拿不住了,常常是笑得咳嗽起来。

鲁迅先生走路很轻捷,尤其使人记得清楚的,是他刚抓起帽子来往头上一扣,同时左腿就伸出去了,仿佛不顾一切的走去。

鲁迅先生不大注意人的衣裳,他说:

"谁穿什么衣裳我看不见的……"

鲁迅先生生病,刚好了一点,窗子开着,他坐在躺椅上,抽着烟,那天我穿着新奇的火红的上衣,很宽的袖子。

鲁迅先生说:"这天气闷热起来,这就是梅雨天。"他把他装在象牙烟嘴上的香烟,又用手装得紧一点,往下又说了别的。

许先生忙着家务跑来跑去，也没有对我的衣裳加以鉴赏。

于是我说："周先生，我的衣裳漂亮不漂亮？"

鲁迅先生从上往下看了一眼："不大漂亮。"

过了一会又接着说："你的裙子配得颜色不对，并不是红上衣不好看，各种颜色都是好看的，红上衣要配红裙子，不然就是黑裙子，咖啡色的就不行了；这两种颜色放在一起很混浊……你没看到外国人在街上走的吗？绝没有下边穿一件绿裙子，上边穿一件紫上衣，也没有穿一件红裙子而后穿一件白上衣的……"

鲁迅先生就在躺椅上看着我："你这裙子是咖啡色的，还带格子，颜色混浊得很，所以把红衣裳也弄得不漂亮了。

"……人瘦不要穿黑衣裳，人胖不要穿白衣裳；脚长的女人一定要穿黑鞋子，脚短就一定要穿白鞋子；方格子的衣裳胖人不能穿，但比横格子的还好；横格子的，胖人穿上，就把胖子更往两边裂着，更横宽了，胖子要穿竖条子的，竖的把人显得长，横的把人显得宽……"

那天鲁迅先生很有兴致,把我一双短统靴子也略略批评一下,说我的短靴是军人穿的,因为靴子的前后都有一条线织的拉手,这拉手据鲁迅先生说是放在裤子下边的……

我说:"周先生,为什么那靴子我穿了多久了而不告诉我,怎么现在才想起来呢?现在我不是不穿了吗?我穿的这不是另外的鞋吗?"

"你不穿我才说的,你穿的时候,我一说你该不穿了。"

那天下午要赴一个宴会去,我要许先生给我找一点布条或绸条束一束头发。许先生拿了来米色的绿色的还有桃红色的。经我和许先生共同选定的是米色的。为着取笑,把那桃红色的,许先生举起来放在我的头发上,并且许先生很开心的说着:

"好看吧!多漂亮!"

我也非常得意,很规矩又顽皮的在等着鲁迅先生往这边看我们。

鲁迅先生这一看,他就生气了,他的眼皮往下一放向我们这边看着:

"不要那样装她……"

许先生有点窘了。

我也安静下来。

鲁迅先生在北平教书时,从不发脾气,但常常好用这种眼光看人,许先生常跟我讲,她在女师大读书时,周先生在课堂上,一生气就用眼睛往下一掠,看着她们,这种眼光鲁迅先生在记范爱农先生的文字曾自己述说过,而谁曾接触过这种眼光的人就会感到一个时代的全智者的催逼。

我开始问:"周先生怎么也晓得女人穿衣裳的这些事情呢?"

"看过书的,关于美学的。"

"什么时候看的……"

"大概是在日本读书的时候……"

"买的书吗?"

"不一定是买的,也许是从什么地方抓到就看的……"

"看了有趣味吗?!"

"随便看看……"

"周先生看这书做什么？"

"……"没有回答。好像很难以答。

许先生在旁说："周先生什么书都看的。"

在鲁迅先生家里做客人，刚开始是从法租界来到虹口，搭电车也要差不多一个钟头的工夫，所以那时候来的次数比较少，还记得有一次谈到半夜了，一过十二点电车就没有的，但那天不知讲了些什么，讲到一个段落就看看旁边小长桌上的圆钟，十一点半了，十一点四十五分了，电车没有了。

"反正已十二点，电车已没有，那么再坐一会。"许先生如此劝着。

鲁迅先生好像听了所讲的什么引起了幻想，安顿的举着象牙烟嘴在沉思着。

一点钟以后，送我（还有别的朋友）出来的是许先生，外边下着蒙蒙的小雨，弄堂里灯光全然灭掉了，鲁迅先生嘱许先生一定让坐小汽车回去，并且一定嘱咐许先生付钱。

以后也住到北四川路来，就每夜饭后必到大陆新村来了，刮风的天，下雨的天，几乎没有间断的时候。

鲁迅先生很喜欢北方饭。还喜欢吃油炸的东西，喜欢吃硬的东西，就是后来生病的时候，也不大吃牛奶。鸡汤端到旁边用调羹舀了一二下就算了事。

有一天约好我去包饺子吃，那还是住在法租界，所以带了外国酸菜和用绞肉机绞成的牛肉，就和许先生站在客厅后边的方桌边包起来。海婴公子围着闹得起劲，一会把按成圆饼的面拿去了，他说做了一只船来，送在我们的眼前，我们不看他，转身他又做了一只小鸡。许先生和我都不去看他，对他竭力避免加以赞美，若一赞美起来，怕他更做得起劲。

客厅后没到黄昏就先黑了，背上感到些微的寒凉，知道衣裳不够了，但为着忙，没有加衣裳去。等把饺子包完了看看那数目并不多，这才知道许先生和我们谈话谈得太多，误了工作。许先生怎样离开家的，怎样到天津读书的，在女师大读书时怎样做了家庭教师，她去考家庭教师的那一段描写，非常有趣，只取一名，可是考了好几十名，她之能够当选算是难的了。指望对于学费有点补足，冬天来了，北平又冷，那家离学校又远，每月除了车子钱之外，若伤风感冒还得自己拿出买阿司匹林的钱来，每月薪金十元要从西城跑到东城……

饺子煮好，一上楼梯，就听到楼上明朗的鲁迅先生的笑声冲下楼梯来，原来有几个朋友在楼上也正谈得热闹。那一天吃得是很好的。

以后我们又做过韭菜合子，又做过荷叶饼，我一提议，鲁迅先生必然赞成，而我做的又不好，可是鲁迅先生还是在饭桌上举着筷子问许先生："我再吃几个吗？"

因为鲁迅先生的胃不大好，每饭后必吃"脾自美"胃药丸一二粒。

有一天下午鲁迅先生正在校对着瞿秋白的《海上述林》，我一走进卧室去，从那圆转椅上鲁迅先生转过来了，向着我，还微微站起了一点。

"好久不见，好久不见。"一边说着一边向我点头。

刚刚我不是来过了吗？怎么会好久不见？就是上午我来的那次周先生忘记了，可是我也每天来呀……怎么都忘记了吗？

周先生转身坐在躺椅上才自己笑起来，他是在开着玩笑。

梅雨季，很少有晴天，一天的上午刚一放晴，我高兴极了,就到鲁迅先生家去了,跑得上楼还喘着,鲁迅先生说:"来啦!"我说:"来啦!"

我喘着连茶也喝不下。

鲁迅先生就问我:

"有什么事吗?"

我说:"天晴啦,太阳出来啦。"

许先生和鲁迅先生都笑着,一种对于冲破忧郁心境的展然的会心的笑。

海婴一看到我非拉我到院子里和他一道玩不可,拉我的头发或拉我的衣裳。

为什么他不拉别人呢?据周先生说:"他看你梳着辫子,和他差不多,别人在他眼里都是大人,就看你小。"

许先生问着海婴:"你为什么喜欢她呢?不喜欢别人?"

"她有小辫子。"说着就来拉我的头发。

鲁迅先生家里生客人很少,几乎没有,尤其是住在他家里的人更没有。一个礼拜六的晚上,在二楼上鲁迅先生的卧室里摆好了晚饭,围着桌子坐满了人。每逢礼拜六晚上都是这样的,周建人先生带着全家来拜访的。

在桌子边坐着一个很瘦的很高的穿着中国小背心的人，鲁迅先生介绍说："这是一位同乡，是商人。"

初看似乎对的，穿着中国裤子，头发剃得很短。当吃饭时，他还让别人酒，也给我倒一盅，态度很活泼，不大像个商人；等吃完了饭，又谈到《伪自由书》及《二心集》。这个商人，开明得很，在中国不常见。没有见过的，就总不大放心。

下一次是在楼下客厅后的方桌上吃晚饭，那天很晴，一阵阵的刮着热风，虽然黄昏了，客厅后还不昏黑。鲁迅先生是新剪的头发，还能记得桌上有一碗黄花鱼，大概是顺着鲁迅先生的口味，是用油煎的。鲁迅先生前面摆着一碗酒，酒碗是扁扁的，好像用做吃饭的饭碗。那位商人先生也能喝酒，酒瓶手就站在他的旁边。他说蒙古人什么样，苗人什么样，从西藏经过时，那西藏女人见了男人追她，她就如何如何。

这商人可真怪，怎么专门走地方，而不做买卖？并且鲁迅先生的书他也全读过，一开口这个，一开口那个。并且海婴叫他×先生，我一听那×字就明白他是谁了。×先生常常回来得很迟，从鲁迅先生家里出来，在弄堂里遇到了几次。

有一天晚上×先生从三楼下来,手里提着小箱子,身上穿着长袍子,站在鲁迅先生的面前,他说他要搬了。他告了辞,许先生送他下楼去了。这时候周先生在地板上绕了两个圈子,问我说:

"你看他到底是商人吗?"

"是的。"我说。

鲁迅先生很有意思的在地板上走几步,而后向我说:"他是贩卖私货的商人,是贩卖精神上的……"

×先生走过二万五千里回来的。

青年人写信,写得太草率,鲁迅先生是深恶痛绝之的。

"字不一定要写得好,但必须得使人一看了就认识,年青人现在都太忙了……他自己赶快胡乱写完了事,别人看了三遍五遍看不明白,这费了多少工夫,他不管。反正这费了工夫不是他的。这存心是不太好的。"

但他还是展读着每封由不同角落里投来的青年的信,眼睛不济时,便戴起眼镜来看,常常看到夜里很深的时光。

鲁迅先生坐在××电影院楼上的第一排，那片名忘记了，新闻片是苏联纪念五一节的红场。

"这个我怕看不到的……你们将来可以看得到。"鲁迅先生向我们周围的人说。

珂勒惠支的画，鲁迅先生最佩服，同时也很佩服她的做人，珂勒惠支受希特拉的压迫，不准她做教授，不准她画画，鲁迅先生常讲到她。

史沫特烈，鲁迅先生也讲到，她是美国女子，帮助印度独立运动，现在又在援助中国。

鲁迅先生介绍人去看的电影：《夏伯阳》，《复仇艳遇》……其余的如《人猿泰山》……或者非洲的怪兽这一类的影片，也常介绍给人的。鲁迅先生说："电影没有什么好看的，看看鸟兽之类倒可以增加些对于动物的知识。"

鲁迅先生不游公园，住在上海十年，兆丰公园没有进过。虹口公园这么近也没有进过。春天一到了，我常告诉周先生，我说公园里的土松软了，公园里的风多么柔和，周先生答应选个晴好的天气，选个礼拜日，海婴休假日，好一道去，坐一乘小汽车一直开到兆丰公园，也算是短途旅行，但这只是想着而未有做到，并且把公园给下了定义。鲁迅先生说："公园的样子我知道的……一进门分做两条路，一条通左边，一条通右边，沿着路种着点柳树什么树的，树下摆着几张长椅子，再远一点有个水池子。"

我是去过兆丰公园的，也去过虹口公园或是法国公园的，仿佛这个定义适用在任何国度的公园设计者。

鲁迅先生不戴手套，不围围巾，冬天穿着黑石蓝的棉布袍子，头上戴着灰色毡帽，脚穿黑帆布胶皮底鞋。

胶皮底鞋夏天特别热，冬天又凉又湿，鲁迅先生的身体不算好，大家都提议把这鞋子换掉。鲁迅先生不肯，他说胶皮底鞋子走路方便。

"周先生一天走多少路呢？也不就一转弯到××书店走一趟吗？"

鲁迅先生笑而不答。

"周先生不是很好伤风吗？不围巾子，风一吹不就伤风了吗？"

鲁迅先生这些个都不习惯，他说：

"从小就没戴过手套围巾，戴不惯。"

鲁迅先生一推开门从家里出来时，两只手露在外边，很宽的袖口冲着风就向前走，腋下夹着个黑绸子印花的包袱，里边包着书或者是信，到老靶子路书店去了。

那包袱每天出去必带出去，回来必带回来。出去时带着给青年们的信，回来又从书店带来新的信和青年请鲁迅先生看的稿子。

鲁迅先生抱着印花包袱从外边回来，还提着一把伞，一进门客厅里早坐着客人，把伞挂在衣架上就陪客人谈起话来。谈了很久了，伞上的水滴顺着伞杆在地板上已经聚了一堆水。

鲁迅先生上楼去拿香烟，抱着印花包袱，而那把伞也没有忘记，顺手也带到楼上去。

鲁迅先生的记忆力非常之强，他的东西从不随便散置在任何地方。

鲁迅先生很喜欢北方口味。许先生想请一个北方厨子，鲁迅先生以为开销太大，请不得的，男佣人，至少要十五元钱的工钱。

所以买米买炭都是许先生下手，我问许先生为什么用两个女佣人都是年老的，都是六七十岁的？许先生说她们做惯了，海婴的保姆，海婴几个月时就在这里。

正说着那矮胖胖的保姆走下楼梯来了，和我们打了个迎面。

"先生，没吃茶吗？"她赶快拿了杯子去倒茶，那刚刚下楼时气喘的声音还在喉管里咕噜咕噜的，她确实年老了。

来了客人，许先生没有不下厨房的，菜食很丰富，鱼，肉……都是用大碗装着，起码四五碗，多则七八碗。可是平常就只三碗菜：一碗素炒豌豆苗，一碗笋炒咸菜，再一碗黄花鱼。

这菜简单到极点。

鲁迅先生的原稿，在拉都路一家炸油条的那里用着包油条，我得到了一张，是译《死魂灵》的原稿，写信告诉了鲁迅先生，鲁迅先生不以为稀奇。许先生倒很生气。

鲁迅先生出书的校样，都用来揩着桌，或做什么的。请客人在家里吃饭，吃到半道，鲁迅先生回身去拿来校样给大家分着，客人接到手里一看，这怎么可以？鲁迅先生说：

"擦一擦，拿着鸡吃，手是腻的。"

到洗澡间去，那边也摆着校样纸。

许先生从早晨忙到晚上，在楼下陪客人，一边还手里打着毛线。不然就是一边谈着话一边站起来用手摘掉花盆里花上已干枯了的叶子。许先生每送一个客人，都要送到楼下的门口，替客人把门开开，客人走出去而后轻轻的关了门再上楼来。

来了客人还要到街上去买鱼或买鸡，买回来还要到厨房里去工作。

鲁迅先生临时要寄一封信，就得许先生换起皮鞋子来到邮局或者大陆新村旁边信筒那里去。落着雨天，许先生就打起伞来。

许先生是忙的，许先生的笑是愉快的，但是头发有一些是白了的。

夜里去看电影，施高塔路的汽车房只有一辆车，鲁迅先生一定不坐，一定让我们坐。许先生，周建人夫人……海婴，周建人先生的三位女公子。我们上车了。

鲁迅先生和周建人先生，还有别的一二位朋友在后边。

看完了电影出来，又只叫到一部汽车，鲁迅先生又一定不肯坐，让周建人先生的全家坐着先走了。

鲁迅先生旁边走着海婴，过了苏州河的大桥去等电车去了。等了二三十分钟电车还没有来，鲁迅先生依着沿苏州河的铁栏杆坐在桥边的石围上了，并且拿出香烟来，装上烟嘴，悠然的吸着烟。

海婴不安的来回的乱跑，鲁迅先生还招呼他和自己并排的坐下。

鲁迅先生坐在那儿和一个乡下的安静老人一样。

鲁迅先生吃的是清茶，其余不吃别的饮料。咖啡、可可、牛奶、汽水之类，家里都不预备。

鲁迅先生陪客人到夜深，必同客人一道吃些点心，那饼干就是从铺子里买来的，装在饼干盒子里，到夜深许先生拿着碟子取出来，摆在鲁迅先生的书桌上，吃完了，许先生打开立柜再取一碟。还有向日葵子差不多每来客人必不可少。鲁迅先生一边抽着烟，一边剥着瓜子吃，吃完了一碟鲁迅先生必请许先生再拿一碟来。

鲁迅先生备有两种纸烟，一种价钱贵的，一种便宜的。便宜的是绿听子的，我不认识那是什么牌子，只记得烟头上带着黄纸的嘴，每五十支的价钱大概是四角到五角，是鲁迅先生自己平日用的。另一种是白听子的，是前门烟，用来招待客人的，白听烟放在鲁迅先生书桌的抽屉里。来客人鲁迅先生下楼，把它带到楼下去，客人走了，又带回楼上来照样放在抽屉里。而绿听子的永远放在书桌上，是鲁迅先生随时吸着的。

鲁迅先生的休息，不听留声机，不出去散步，也不倒在床上睡觉，鲁迅先生自己说：

"坐在椅子上翻一翻书就是休息了。"

鲁迅先生从下午两三点钟起就陪客人，陪到五点钟，陪到六点钟，客人若在家吃饭，吃完饭又必要在一起喝茶，或者刚刚喝完茶走了，或者还没走又来了客人，于是又陪下去，陪到八点钟，十点钟，常常陪到十二点钟。从下午两三点钟起，陪到夜里十二点，这么长的时间，鲁迅先生都是坐在藤躺椅上，不断的吸着烟。

客人一走，已经是下半夜了，本来已经是睡觉的时候了，可是鲁迅先生正要开始工作。在工作之前，他稍微阖一阖眼睛，燃起一支烟来，躺在床边上，这一支烟还没有吸完，许先生差不多就在床里边睡着了。（许先生为什么睡得这样快?因为第二天早晨六七点钟就要起来管理家务。)海婴这时也在三楼和保姆一道睡着了。

全楼都寂静下去,窗外也是一点声音没有了,鲁迅先生站起来,坐到书桌边,在那绿色的台灯下开始写文章了。

许先生说鸡鸣的时候,鲁迅先生还是坐着,街上的汽车嘟嘟的叫起来了,鲁迅先生还是坐着。

有时许先生醒了,看着玻璃窗白萨萨的了,灯光也不显得怎样亮了,鲁迅先生的背影不像夜里那样黑大。

鲁迅先生的背影是灰黑色的,仍旧坐在那里。

人家都起来了,鲁迅先生才睡下。

海婴从三楼下来了,背着书包,保姆送他到学校去,经过鲁迅先生的门前,保姆总是吩咐他说:

"轻一点走,轻一点走。"

鲁迅先生刚一睡下,太阳就高起来了。太阳照着隔院子的人家,明亮亮的,照着鲁迅先生花园的夹竹桃,明亮亮的。

鲁迅先生的书桌整整齐齐的,写好的文章压在书下边,毛笔在烧瓷的小龟背上站着。

一双拖鞋停在床下，鲁迅先生在枕头上边睡着了。

鲁迅先生喜欢吃一点酒，但是不多吃，吃半小碗或一碗。鲁迅先生吃的是中国酒，多半是花雕。

老靶子路有一家小吃茶店，只有门面一间，在门面里边设座，座少，安静，光线不充足，有些冷落。鲁迅先生常到这吃茶店来，有约会多半是在这里边，老板是犹太人也许是白俄，胖胖的，中国话大概他听不懂。

鲁迅先生这一位老人，穿着布袍子，有时到这里来，泡一壶红茶，和青年人坐在一道谈了一两个钟头。

有一天鲁迅先生的背后那茶座里边坐着一位摩登女子，身穿紫裙子黄衣裳，头戴花帽子……那女子临走时，鲁迅先生一看她，就用眼瞪着她，很生气的看了她半天。而后说：

"是做什么的呢？"

鲁迅先生对于穿着紫裙子黄衣裳，花帽子的人就是这样看法的。

鬼到底是有的是没有的？传说上有人见过，还跟鬼说过话，还有人被鬼在后边追赶过，吊死鬼一见了人就贴在墙上。但没有一个人捉住一个鬼给大家看看。

鲁迅先生讲了他看见过鬼的故事给大家听：

"是在绍兴……"鲁迅先生说，"三十年前……"

那时鲁迅先生从日本读书回来，在一个师范学堂里也不知是什么学堂里教书，晚上没有事时，鲁迅先生总是到朋友家去谈天。这朋友住的离学堂几里路，几里路不算远，但必得经过一片坟地。谈天有的时候就谈得晚了，十一二点钟才回学堂的事也常有，有一天鲁迅先生就回去得很晚，天空有很大的月亮。

鲁迅先生向着归路走得很起劲时，往远处一看，远远有一个白影。

鲁迅先生不相信鬼的，在日本留学时是学的医，常常把死人抬来解剖的，鲁迅先生解剖过二十几个，不但不怕鬼，对死人也不怕，所以对于坟地也就根本不怕。仍旧是向前走的。

走了不几步，那远处的白影没有了，再看突然又有了。并且时小时大，时高时低，正和鬼一样。鬼不就是变幻无常的吗？

鲁迅先生有点踌躇了，到底向前走呢？还是回过头来走？本来回学堂不止这一条路，这不过是最近的一条就是了。

鲁迅先生仍是向前走，到底要看一看鬼是什么样，虽然那时候也怕了。

鲁迅先生那时从日本回来不久，所以还穿着硬底皮鞋。鲁迅先生决心要给那鬼一个致命的打击，等走到那白影的旁边时，那白影缩小了，蹲下了，一声不响的靠住了一个坟堆。

鲁迅先生就用了他的硬皮鞋踢出去。

那白影噢的一声叫起来，随着就站起来，鲁迅先生定眼看去，他却是个人。

鲁迅先生说在他踢的时候，他是很害怕的，好像若一下不把那东西踢死，自己反而会遭殃的，所以用了全力踢出去。

原来是个盗墓子的人在坟场上半夜做着工作。

鲁迅先生说到这里就笑了起来。

"鬼也是怕踢的，踢他一脚就立刻变成人了。"

我想，倘若是鬼常常让鲁迅先生踢踢倒是好的，因为给了他一个做人的机会。

从福建菜馆叫的菜，有一碗鱼做的丸子。

海婴一吃就说不新鲜,许先生不信,别的人也都不信。因为那丸子有的新鲜,有的不新鲜,别人吃到嘴里的恰好都是没有改味的。

许先生又给海婴一个,海婴一吃,又是不好的,他又嚷嚷着。别人都不注意,鲁迅先生把海婴碟里的拿来尝尝,果然是不新鲜的。鲁迅先生说:

"他说不新鲜,一定也有他的道理,不加以查看就抹杀是不对的。"

…………

以后我想起这件事来,私下和许先生谈过,许先生说:"周先生的做人,真是我们学不了的。哪怕一点点小事。"

鲁迅先生包一个纸包也要包得整整齐齐,常常把要寄出的书,鲁迅先生从许先生手里拿过来自己包,许先生本来包得多么好,而鲁迅先生还要亲自动手。

鲁迅先生把书包好了,用细绳捆上,那包方方正正的,连一个角也不准歪一点或扁一点,而后拿着剪刀,把捆书的那绳头都剪得整整齐齐。

就是包这书的纸都不是新的,都是从街上买东西回来留下来的。许先生上街回来把买来的东西一打开随手就把包东西的牛皮纸折起来，随手把小细绳圈了一个圈。若小细绳上有一个疙瘩，也要随手把它解开的。准备着随时用随时方便。

鲁迅先生住的是大陆新村九号。

一进弄堂口，满地铺着大方块的水门汀，院子里不怎样嘈杂，从这院子出入的有时候是外国人，也能够看到外国小孩在院子里零星的玩着。

鲁迅先生隔壁挂着一块大的牌子，上面写着一个"茶"字。

在一九三五年十月一日。

鲁迅先生的客厅摆着长桌，长桌是黑色的，油漆不十分新鲜，但也并不破旧，桌上没有铺什么桌布，只在长桌的当心摆着一个绿豆青色的花瓶，花瓶里长着几株大叶子的万年青，围着长桌有七八张木椅子。尤其是在夜里，全弄堂一点什么声音也听不到。

那夜，就和鲁迅先生和许先生一道坐在长桌旁边喝茶的。当夜谈了许多关于伪满洲国的事情，从饭后谈起，一直谈到九点钟十点钟而后到十一点，时时想退出来，让鲁迅先生好早点休息,因为我看出来鲁迅先生身体不大好,又加上听许先生说过,鲁迅先生伤风了一个多月,刚好了的。

但是鲁迅先生并没有疲倦的样子。虽然客厅里也摆着一张可以卧倒的藤椅,我们劝他几次想让他坐在藤椅上休息一下,但是他没有去,仍旧坐在椅子上。并且还上楼一次,去加穿了一件皮袍子。

那夜鲁迅先生到底讲了些什么,现在记不起来了。也许想起来的不是那夜讲的而是以后讲的也说不定。过了十一点,天就落雨了,雨点淅沥淅沥的打在玻璃窗上,窗子没有窗帘,所以偶一回头,就看到玻璃窗上有小水流往下流。夜已深了,并且落了雨,心里十分着急,几次站起来想要走,但是鲁迅先生和许先生一再说再坐一下:"十二点钟以前终归有车子可搭的。"所以一直坐到将近十二点,才穿起雨衣来,打开客厅外面的响着的铁门,鲁迅先生非要送到铁门外不可。我想为什么他一定要送呢?对于这样年轻的客人,这样的送是应该的吗?雨不会打湿了头发,受了寒伤风不又要继续下去吗?站在铁门外边,鲁迅先生说,并且指着隔壁那家写着"茶"

字的大牌子："下次来记住这个'茶'字，就是这个'茶'的隔壁。"而且伸出手去，几乎是触到了钉在锁门旁边的那个九号的"九"字，"下次来记住'茶'的旁边九号。"

于是脚踏着方块的水门汀，走出弄堂来，回过身去往院子里边看了一看，鲁迅先生那一排房子统统是黑洞洞的，若不是告诉得那样清楚，下次来恐怕要记不住的。

鲁迅先生的卧室，一张铁架大床，床顶上遮着许先生亲手做的白布刺花的围子，顺着床的一边折着两床被子，都是很厚的，是花洋布的被面。挨着门口的床头的方面站着抽屉柜。一进门的左手摆着八仙桌，桌子的两旁藤椅各一，立柜站在和方桌一排的墙角，立柜本是挂衣裳的，衣裳却很少，都让糖盒子，饼干筒子，瓜子罐给塞满了。有一次××老板的太太来拿版权的图章花，鲁迅先生就从立柜下边大抽屉里取出的。沿着墙角望窗子那边走，有一张装饰台，桌子上有一个方形的满浮着绿草的玻璃养鱼池，里边游着的不是金鱼而是灰色的扁肚子的小鱼。除了鱼池之外另有一只圆的表，其余那上边满装着书。铁架床靠窗子的那头的书柜里书柜外都是书。最后是鲁迅先生的写字台，那上边也都是书。

鲁迅先生家里，从楼上到楼下，没有一个沙发，鲁迅先生工作时坐的椅子是硬的，休息时的藤椅是硬的，到楼下陪客人时坐的椅子又是硬的。

鲁迅先生的写字台面向着窗子，上海弄堂房子的窗子差不多满一面墙那么大，鲁迅先生把它关起来，因为鲁迅先生工作起来有一个习惯，怕吹风，他说，风一吹，纸就动，时时防备着纸跑，文章就写不好。所以屋子热得和蒸笼似的，请鲁迅先生到楼下去，他又不肯，鲁迅先生的习惯是不换地方。有时太阳照进来，许先生劝他把书桌移开一点都不肯。只有满身流汗。

鲁迅先生的写字桌，铺了一张蓝格子的油漆布，四角都用图钉按着。桌子上有小砚台一方，墨一块，毛笔站在笔架上，笔架是烧瓷的，在我看来不很细致，是一个龟，龟背上带着好几个洞，笔就插在那洞里。鲁迅先生多半是用毛笔的，钢笔也不是没有，是放在抽屉里。桌上有一个方大的白瓷的烟灰盒，还有一个茶杯，杯子上戴着盖。

鲁迅先生的习惯与别人不同，写文章用的材料和来信都压在桌子上，把桌子都压得满满的，几乎只有写字的地方可以伸开手,其余桌子的一半被书或纸张占有着。

左手边的桌角上有一个带绿灯罩的台灯,那灯泡是横着装的,在上海那是极普通的台灯。

冬天在楼上吃饭,鲁迅先生自己拉着电线把台灯的机关从棚顶的灯头上拔下,而后装上灯泡子。等饭吃过了,许先生再把电线装起来,鲁迅先生的台灯就是这样做成的,拖着一根长的电线在棚顶上。

鲁迅先生的文章,多半是从这台灯下写的。因为鲁迅先生的工作时间,多半是下半夜一两点起,天将明了休息。

卧室就是如此,墙上挂着海婴公子一个月婴孩的油画像。

挨着卧室的后楼里边,完全是书了,不十分整齐,报纸和杂志或洋装的书,都混在这间屋子里,一走进去多少还有些纸张气味。地板被书遮盖得太小了,几乎没有了,大网篮也堆在书中。墙上拉着一条绳子或者是铁丝,就在那上边系了小提盒,铁丝笼之类。风干荸荠就盛在铁丝笼里,扯着的那铁丝几乎被压断了在弯弯着。一推开藏书室的窗子,窗子外边还挂着一筐风干荸荠。

"吃吧，多得很，风干的，格外甜。"许先生说。

楼下厨房传来了煎菜的锅铲的响声，并且两个年老的娘姨慢重重的在讲一些什么。

厨房是家里最热闹的一部分。整个三层楼都是静静的，喊娘姨的声音没有，在楼梯上跑来跑去的声音没有。鲁迅先生家里五六间房子只住着五个人，三位是先生的全家，余下的二位是年老的女佣人。

来了客人都是许先生亲自倒茶，即或是麻烦到娘姨时，也是许先生下楼去吩咐，绝没有站到楼梯口就大声呼唤的时候。所以整个的房子都在静悄悄之中。

只有厨房比较热闹了一点，自来水哗哗的流着，洋瓷盆在水门汀的水池子上每拖一下磨着嚓嚓的响，洗米的声音也是嚓嚓。鲁迅先生很喜欢吃竹笋的，在菜板上切着笋片笋丝时，刀刃每划下去都是很响的。其他比起别人家的厨房来却冷清极了，所以洗米声和切笋声都分开来听得样样清清晰晰。

客厅的一边摆着并排的两个书架，书架是带玻璃橱的，里面有朵斯托益夫斯基的全集和别的外国作家的全集，大半多是日文译本。地板上没有地毯，但擦得非常干净。

海婴公子的玩具橱也站在客厅里，里边是些毛猴子，橡皮人，火车汽车之类，里边装得满满的，别人是数不清的，只有海婴自己伸手到里边找些什么就有什么。过新年时在街上买的兔子灯，纸毛上已经落了灰尘了，仍摆在玩具橱顶上。

客厅只有一个灯头，大概五十烛光。客厅的后门对着上楼的楼梯，前门一打开有一个一方丈大小的花园，花园里没有什么花看，只有一株很高的七八尺高的小树，大概那树是柳桃，一到了春天，喜欢生长蚜虫，忙得许先生拿着喷蚊虫的机器，一边陪着谈话，一边喷着杀虫药水。沿了墙根，种了一排玉米，许先生说："这玉米长不大的，这土是没有养料的，海婴一定要种。"

春天，海婴在花园里掘着泥沙，培植着各种玩艺。

三楼则特别静了，向着太阳开着两扇玻璃门，门外有一个水门汀的突出的小廊子，春天很温暖的抚摸着门口长垂着的帘子，有时候帘子被风打得很高，飘扬的饱满得和大鱼泡似的。那时候隔院的绿树照进玻璃门扇里来了。

海婴坐在地板上装着小工程师在修着一座楼房，他那楼房是用椅子横倒了架起来修的，而后遮起一张被单来算作屋瓦，全个房子在他自己拍着手的赞誉声中完成了。

这屋间感到些空旷和寂寞，既不像女工住的屋子，又不像儿童室。海婴的眠床靠着屋子的一边放着，那大圆顶帐子日里也不打起来，长拖拖的好像从棚顶一直垂到地板上，那床是非常讲究的，属于刻花的木器一类的。许先生讲过，租这房子时，从前一个房客转留下来的。海婴和他的保姆，就睡在五六尺宽的大床上。

冬天烧过的火炉，三月里还冷冰冰的在地板上站着。

海婴不大在三楼上玩的，除了到学校去，就是在院子里踏脚踏车，他非常喜欢跑跳，所以厨房，客厅，二楼，他是无处不跑的。

三楼整天在高处空着，三楼的后楼住着另一个老女工，一天很少上楼来，所以楼梯擦过之后，一天到晚干净得溜明。

一九三六年三月里鲁迅先生病了，靠在二楼的躺椅上，心脏跳动得比平日厉害，脸色略微灰了一点。

许先生正相反的,脸色是红的,眼睛显得大了,讲话的声音是平静的,态度并没有比平日慌张。在楼下,一走进客厅来许先生就告诉说:

"周先生病了,气喘……喘得厉害,在楼上靠在躺椅上。"

鲁迅先生呼喘的声音,不用走到他的旁边,一进了卧室就听得到的。鼻子和胡须在扇着,胸部一起一落。眼睛闭着,差不多永久不离开手的纸烟,也放弃了。躺藤椅后边靠着枕头,鲁迅先生的头有些向后,两只手空闲的垂着。眉头仍和平日一样没有聚皱,脸上是平静的,舒展的,似乎并没有任何痛苦加在身上。

"来了吗?"鲁迅先生睁一睁眼睛,"不小心,着了凉……呼吸困难……到藏书的房子去翻一翻书……那房子因为没有人住,特别凉……回来就……"

许先生看周先生说话吃力,赶快接着说周先生是怎样气喘的。

医生看过了,吃了药,但喘并未停。下午医生又来过,刚刚走。

卧室在黄昏里边一点一点的暗下去,外边起了一点小风，隔院的树被风摇着发响。别人家的窗子有的被风打着发出自动关开的响声，家家的流水道都是哗啦哗啦的响着水声，一定是晚餐之后洗着杯盘的剩水。晚餐后该散步的散步去了，该会朋友的会朋友去了，弄堂里来去的稀疏不断的走着人，而娘姨们还没有解掉围裙呢，就依着后门彼此搭讪起来。小孩子们三五一伙前门后门的跑着，弄堂外汽车穿来穿去。

鲁迅先生坐在躺椅上，沉静的，不动的阖着眼睛，略微灰了的脸色被炉里的火光染红了一点。纸烟听子蹲在书桌上，盖着盖子，茶杯也蹲在桌子上。

许先生轻轻的在楼梯上走着，许先生一到楼下去，二楼就只剩了鲁迅先生一个人坐在椅子上，呼喘把鲁迅先生的胸部有规律性的抬得高高的。

"鲁迅先生必得休息的。"须藤老医生是这样说的。可是鲁迅先生从此不但没有休息，并且脑子里所想的更多了，要做的事情都像非立刻就做不可，校《海上述林》的校样，印珂勒惠支的画，翻译《死魂灵》下部；刚好了，这些就都一起开始了，还计算着出三十年集（即《鲁迅全集》）。

鲁迅先生感到自己的身体不好，就更没有时间注意身体，所以要多做，赶快做。当时大家不解其中的意思，都以为鲁迅先生不加以休息不以为然，后来读了鲁迅先生《死》的那篇文章才了然了。

鲁迅先生知道自己的健康不成了，工作的时间没有几年了，死了是不要紧的，只要留给人类更多，鲁迅先生就是这样。

不久书桌上德文字典和日文字典都摆起来了，果戈里的《死魂灵》，又开始翻译了。

鲁迅先生的身体不大好，容易伤风，伤风之后，照常要陪客人，回信，校稿子。所以伤风之后总要拖下去一个月或半个月的。

瞿秋白的《海上述林》校样，一九三五年冬，一九三六年的春天，鲁迅先生不断的校着，几十万字的校样，要看三遍，而印刷所送校样来总是十页八页的，并不是统统一道的送来，所以鲁迅先生不断的被这校样催索着，鲁迅先生竟说：

"看吧，一边陪着你们谈话，一边看校样的，眼睛可以看，耳朵可以听……"

有时客人来了,一边说着笑话,一边鲁迅先生放下了笔。有的时候也说:"就剩几个字了……请坐一坐……"

一九三五年冬天许先生说:

"周先生的身体是不如从前了。"

有一次鲁迅先生到饭馆里去请客,来的时候兴致很好,还记得那次吃了一只烤鸭子,整个的鸭子用大钢叉子叉上来时,大家看着这鸭子烤的又油又亮的,鲁迅先生也笑了。

菜刚上满了,鲁迅先生就到竹躺椅上吸一支烟,并且阖一阖眼睛。一吃完了饭,有的喝多了酒的,大家都乱闹了起来,彼此抢着苹果,彼此讽刺着玩,说着一些刺人可笑的话。而鲁迅先生这时候,坐在躺椅上,阖着眼睛,很庄严的在沉默着,让拿在手上纸烟的烟丝,慢慢的上升着。

别人以为鲁迅先生也是喝多了酒吧!

许先生说,并不的。

"周先生的身体是不如从前了,吃过了饭总要阖一阖眼稍微休息一下,从前一向没有这习惯。"

周先生从椅子上站起来了,大概说他喝多了酒的话让他听到了。

"我不多喝酒的。小的时候,母亲常提到父亲喝了酒,脾气怎样坏,母亲说,长大了不要喝酒,不要像父亲那样子……所以我不多喝的……从来没喝醉过……"

鲁迅先生休息好了,换了一支烟,站起来也去拿苹果吃,可是苹果没有了。鲁迅先生说:

"我争不过你们了,苹果让你们抢没了。"

有人抢到手的还在保存着的苹果,奉献出来,鲁迅先生没有吃,只在吸烟。

一九三六年春,鲁迅先生的身体不大好,但没有什么病,吃过了夜饭,坐在躺椅上,总要闭一闭眼睛沉静一会。

许先生对我说,周先生在北平时,有时开着玩笑,手按着桌子一跃就能够跃过去,而近年来没有这么做过,大概没有以前那么灵便了。

这话许先生和我是私下讲的,鲁迅先生没有听见,仍靠在躺椅上沉默着呢。

许先生开了火炉的门,装着煤炭哗哗的响,把鲁迅先生震醒了。一讲起话来鲁迅先生的精神又照常一样。

鲁迅先生睡在二楼的床上已经一个多月了，气喘虽然停止，但每天发热，尤其是下午热度总在三十八度三十九度之间，有时也到三十九度多，那时鲁迅先生的脸色是微红的，目力是疲弱的，不吃东西，不大多睡，没有一些呻吟，似乎全身都没有什么痛楚的地方。躺在床上有的时候张开眼睛看着，有的时候似睡非睡的安静的躺着，茶吃得很少。差不多一刻也不停的吸纸烟，而今几乎完全放弃了，纸烟听子不放在床边，而仍很远的蹲在书桌上，若想吸一支，是请许先生付给的。

许先生从鲁迅先生病起，更过度的忙了。按着时间给鲁迅先生吃药，按着时间给鲁迅先生试温度表，试过了之后还要把一张医生发给的表格填好，那表格是一张硬纸，上面画了无数根线，许先生就在这张纸上拿着米度尺画着度数，那表画得和尖尖的小山丘似的，又像尖尖的水晶石，高的低的一排连的站着。许先生虽然每天画，但那像是一条接连不断的线，不过从低处到高处，从高处到低处，这高峰越高越不好，也就是鲁迅先生的热度越高了。

来看鲁迅先生的人，多半都不到楼上来了，为的是请鲁迅先生好好的静养，所以把陪客人这些事也推到许先生身上来了。还有书、报、信，都要许先生看过，必要的就告诉鲁迅先生，不十分必要的，就先把它放在一处放一放，等鲁迅先生好了些再取出来交给他。然而这家庭里边还有许多琐事，比方年老的娘姨病了，要请两天假；海婴的牙齿脱掉一个要到牙医那里去看过，但是带他去的人没有，又得许先生。海婴在幼稚园里读书，又是买铅笔，买皮球，还有临时出些个花头，跑上楼来了，说要吃什么花生糖什么牛奶糖，他上楼来是一边跑着一边喊着，许先生连忙拉住了他，拉他下了楼才跟他讲：

"爸爸病啦。"而后拿出钱来，嘱咐好了娘姨，只买几块糖而不准让他格外的多买。

收电灯费的来了，在楼下一打门，许先生就得赶快往楼下跑，怕的是再多打几下，就要惊醒了鲁迅先生。

海婴最喜欢听讲故事，这也是无限的麻烦，许先生除了陪海婴讲故事之外，还要在长桌上偷一点工夫来看鲁迅先生为着病耽搁下来的尚未校完的校样。

在这期间，许先生比鲁迅先生更要担当一切了。

鲁迅先生吃饭，是在楼上单开一桌，那仅仅是一个方木盘，许先生每餐亲手端到楼上去，那黑油漆的方木盘中摆着三四样小菜，每样都用小吃碟盛着，那小吃碟直径不过二寸，一碟豌豆苗或菠菜或苋菜，把黄花鱼或者鸡之类也放在小碟里端上楼去。若是鸡，那鸡也是全鸡身上最好的一块地方拣下来的肉；若是鱼，也是鱼身上最好一部分，许先生才把它拣下放在小碟里。

许先生用筷子来回的翻着楼下的饭桌上菜碗里的东西，菜拣嫩的，不要茎，只要叶，鱼肉之类，拣烧得软的，没有骨头没有刺的。

心里存着无限的期望，无限的要求，用了比祈祷更虔诚的目光，许先生看着她自己手里选得精精致致的菜盘子，而后脚板触着楼梯上了楼。

希望鲁迅先生多吃一口，多动一动筷，多喝一口鸡汤。鸡汤和牛奶是医生所嘱的，一定要多吃一些的。

把饭送上去，有时许先生陪在旁边，有时走下楼来又做些别的事，半个钟头之后，到楼上去取这盘子。这盘子装得满满的，有时竟照原样一动也没有动又端下来了，这时候许先生的眉头微微的皱了一点。旁边若有什么朋友，许先生就说："周先生的热度高，什么也吃不落，连茶也不愿意吃，人很苦，人很吃力。"

有一天许先生用着波浪式的专门切面包的刀切着一个面包，是在客厅后边方桌上切的，许先生一边切着一边对我说：

"劝周先生多吃些东西，周先生说，人好了再保养，现在勉强吃也是没有用的。"

许先生接着似乎问着我：

"这也是对的？"

而后把牛奶面包送上楼去了。一碗烧好的鸡汤，从方盘里许先生把它端出来了，就摆在客厅后的方桌上。许先生上楼去了，那碗热的鸡汤在桌子上自己悠然的冒着热气。

许先生由楼上回来还说呢：

"周先生平常就不喜欢吃汤之类，在病里，更勉强不下了。"

那已经送上去的一碗牛奶又带下来了。

许先生似乎安慰着自己似的。

"周先生人强，欢喜吃硬的，油炸的，就是吃饭也欢喜吃硬饭……"

许先生楼上楼下的跑，呼吸有些不平静，坐在她旁边，似乎可以听到她心脏的跳动。

鲁迅先生开始独桌吃饭以后，客人多半不上楼来了，经许先生婉言把鲁迅先生健康的经过报告了之后就走了。

鲁迅先生在楼上一天一天的睡下去，睡了许多日子就有些寂寞了，有时大概热度低了点就问许先生：

"有什么人来过吗？"

看鲁迅先生精神好些，就一一的报告过。

有时也问到有什么刊物来吗？

鲁迅先生病了一个多月了。

证明了鲁迅先生是肺病，并且是肋膜炎，须藤老医生每天来了，为鲁迅先生先把肋膜化腐的东西用打针的方法抽净，每天抽一次，共抽了一两个礼拜。

这样的病，为什么鲁迅先生一点也不晓得呢？许先生说，周先生有时觉得肋痛了就自己忍着不说，所以连许先生也不知道，鲁迅先生怕别人晓得了又要不放心，又要看医生，医生一定又要说休息。鲁迅先生自己知道做不到的。

福民医院美国医生的检查，说鲁迅先生肺病已经二十年了。这次发了怕是很严重。

医生规定个日子，请鲁迅先生到福民医院去详细检查，要照X光的。

但鲁迅先生当时就下楼是下不得的，又过了许多天，鲁迅先生到福民医院去查病去了。照X光后给鲁迅先生照了一个全部的肺部的照片。

这照片取来的那天许先生在楼下给大家看了，右肺的上尖角是黑的，中部也黑了一块，左肺的下半部都不大好，而沿着左肺的边边黑了一大圈。

这之后，鲁迅先生的热度仍高，若再这样热度不退，就很难抵抗了。

那查病的美国医生，只查病，而不给药吃，他相信药是没有用的。

须藤老医生，鲁迅先生早就认识，所以每天来，他给鲁迅先生吃了些退热的药，还吃停止肺部菌活动的药。他说若肺不再坏下去，就停止在这里，热自然就退了，人是不危险的。

在楼下的客厅里许先生哭了。许先生手里拿着一团毛线，那是海婴的毛线衣拆了洗过之后又团起来的。

鲁迅先生在无欲望状态中，什么也不吃，什么也不想，睡觉是似睡非睡的。

天气热起来了，客厅的门窗都打开着，阳光跳跃在门外的花园里。麻雀来了停在夹竹桃上叫了三两声就又飞去，院子里的小孩子们唧唧喳喳的玩耍着，风吹进来好像带着热气，扑到人的身上，天气刚刚发芽的春天，变为夏天了。

楼上老医生和鲁迅先生谈话的声音隐约可以听到。

楼下又来客人。来的人总要问：

"周先生好一点吗？"

许先生照常说："还是那样子。"

但今天说了眼泪就又流了满脸。一边拿起杯子来给客人倒茶，一边用左手拿着手帕按着鼻子。

客人问：

"周先生又不大好吗？"

许先生说：

"没有的，是我心窄。"

过了一会鲁迅先生要找什么东西，喊许先生上楼去，许先生连忙擦着眼睛,想说她不上楼的,但左右的看了一看,没有人能替代了她,于是带着她那团还没有缠完的毛线球上楼去了。

楼上坐着老医生,还有两位探望鲁迅先生的客人,许先生一看了他们就自己低了头不好意思地笑了,她不敢到鲁迅先生的面前去,背转着身问鲁迅先生要什么呢,而后又是慌忙的把毛线缕挂在手上缠了起来。

一直到送老医生下楼,许先生都是把背向鲁迅先生而站着的。

每次老医生走,许先生都是替老医生提着皮提包送到前门外的。许先生愉快的、沉静的带着笑容打开铁门闩,很恭敬的把皮包交给老医生,眼看着老医生走了才进来关了门。

这老医生出入在鲁迅先生的家里,连老娘姨对他都是尊敬的,医生从楼上下来时,娘姨若在楼梯的半道,赶快下来躲开,站到楼梯的旁边。有一天老娘姨端着一个杯子上楼,楼上医生和许先生一道下来了,那老娘姨躲闪不灵,急得把杯里的茶都颠出来了。等医生走过去,已经走出了前门,老娘姨还在那里呆呆的望着。

"周先生好了点吧？"

有一天许先生不在家，我问着老娘姨。她说：

"谁晓得，医生天天看过了不声不响的就走了。"

可见老娘姨对医生每天是怀着期望的眼光看着他的。

许先生很镇静，没有紊乱的神色，虽然说那天当着人哭过一次，但该做什么，仍是做什么，毛线该洗的已经洗了，晒的已经晒起，晒干了的随手就把它缠成团子。

"海婴的毛线衣，每年拆一次，洗过之后再重打起，人一年一年的长，衣裳一年穿过，一年就小了。"

在楼下陪着熟的客人，一边谈着，一边开始手里动着竹针。

这种事情许先生是偷工就做的，夏天就开始预备着冬天的，冬天就做夏天的。

许先生自己常常说：

"我是无事忙。"

这话很客气，但忙是真的，每一餐饭，都好像没有安静的吃过。海婴一会要这个，要那个；若一有客人，上街临时买菜，下厨房煎炒还不说，就是摆到桌子上来，还要从菜碗里为着客人选好的夹过去。饭后又是吃水果，若吃苹果还要把皮削掉，若吃荸荠看客人削得慢而不好也要削了送给客人吃，那时鲁迅先生还没有生病。

许先生除了打毛线衣之外，还用机器缝衣裳，剪裁了许多件海婴的内衫裤在窗下缝。

因此许先生对自己忽略了，每天上下楼跑着，所穿的衣裳都是旧的，次数洗得太多，纽扣都洗脱了，也磨破了，都是几年前的旧衣裳，春天时许先生穿了一个紫红宁绸袍子，那料子是海婴在婴孩时候别人送给海婴做被子的礼物。做被子，许先生说很可惜，就拣起来做一件袍子。正说着，海婴来了，许先生使眼神，且不要提到，若提到海婴又要麻烦起来了，一定要说是他的，他就要要。

许先生冬天穿一双大棉鞋，是她自己做的。一直到二三月早晚冷时还穿着。

有一次我和许先生在小花园里一道拍一张照片，许先生说她的纽扣掉了，还拉着我站在她前边遮着她。

许先生买东西也总是到便宜的店铺去买，再不然，到减价的地方去买。

处处俭省，把俭省下来的钱，都印了书和印了画。

现在许先生在窗下缝着衣裳，机器声格答格答的，震着玻璃门有些颤抖。

窗外的黄昏，窗内许先生低着的头，楼上鲁迅先生的咳嗽声，都搅混在一起了，重续着、埋藏着力量。在痛苦中，在悲哀中，一种对于生的强烈的愿望站得和强烈的火焰那样坚定。

许先生的手指把捉了在缝的那张布片，头有时随着机器的力量低沉了一两下。

许先生的面容是宁静的、庄严的、没有恐惧的、坦荡的在使用着机器。

海婴在玩着一大堆黄色的小药瓶，用一个纸盒子盛着，端起来楼上楼下的跑。向着阳光照是金色的，平放着是咖啡色的，他招聚了小朋友来，他向他们展览，向他们夸耀，这种玩艺只有他有而别人不能有。他说：

"这是爸爸打药针的药瓶，你们有吗？"

别人不能有，于是他拍着手骄傲的呼叫起来。

许先生一边招呼着他，不叫他喊，一边下楼来了。

"周先生好了些？"

见了许先生大家都是这样问的。

"还是那样子,"许先生说,随手抓起一个海婴的药瓶来,"这不是么,这许多瓶子,每天打一针,药瓶子也积了一大堆。"

许先生一拿起那药瓶,海婴上来就要过去,很宝贵的赶快把那小瓶摆到纸盒里。

在长桌上摆着许先生自己亲手做的蒙着茶壶的棉罩子,从那蓝缎子的花罩子下拿着茶壶倒着茶。

楼上楼下都是静的了,只有海婴快活的和小朋友们的吵嚷躲在太阳里跳荡。

海婴每晚临睡时必向爸爸妈妈说:"明朝会!"

有一天他站在走上三楼去的楼梯口上喊着:

"爸爸,明朝会!"

鲁迅先生那时正病得沉重,喉咙里边似乎有痰,那回答的声音很小,海婴没有听到,于是他又喊:

"爸爸,明朝会!"他等一等,听不到回答的声音,他就大声的连串的喊起来:

"爸爸,明朝会,爸爸,明朝会,……爸爸,明朝会……"

他的保姆在前边往楼上拖他,说是爸爸睡了,不要喊了。可是他怎么能够听呢,仍旧喊。

这时鲁迅先生说"明朝会",还没有说出来喉咙里边就像有东西在那里堵塞着,声音无论如何放不大。到后来,鲁迅先生挣扎着把头抬起来才很大声的说出:

"明朝会,明朝会。"

说完了就咳嗽起来。

许先生被惊动得从楼下跑来了,不住的训斥着海婴。

海婴一边笑着一边上楼去了,嘴里唠叨着:

"爸爸是个聋人哪!"

鲁迅先生没有听到海婴的话,还在那里咳嗽着。

鲁迅先生在四月里,曾经好了一点,有一天下楼去赴一个约会,把衣裳穿得整整齐齐,手下夹着黑花包袱,戴起帽子来,出门就走。

许先生在楼下正陪客人,看鲁迅先生下来了,赶快说:

"走不得吧,还是坐车子去吧。"

鲁迅先生说:"不要紧,走得动的。"

许先生再加以劝说,又去拿零钱给鲁迅先生带着。

鲁迅先生说不要不要，坚决的就走了。

"鲁迅先生的脾气很刚强。"

许先生无可奈何的，只说了这一句。

鲁迅先生晚上回来，热度增高了。

鲁迅先生说：

"坐车子实在麻烦，没有几步路，一走就到。还有，好久不出去，愿意走走……动一动就出毛病……还是动不得……"

病压服着鲁迅先生又躺下了。

七月里，鲁迅先生又好些。

药每天吃，记温度的表格照例每天好几次在那里画，老医生还是照常的来，说鲁迅先生就要好起来了，说肺部的菌已经停止了一大半，肋膜也好了。

客人来差不多都要到楼上来拜望拜望，鲁迅先生带着久病初愈的心情，又谈起话来，披了一张毛巾子坐在躺椅上，纸烟又拿在手里了，又谈翻译，又谈某刊物。

一个月没有上楼去，忽然上楼还有些心不安，我一进卧室的门，觉得站也没地方站，坐也不知坐在哪里。

许先生让我吃茶，我就倚着桌子边站着。好像没有看见那茶杯似的。

鲁迅先生大概看出我的不安来了，便说：

"人瘦了，这样瘦是不成的，要多吃点。"

鲁迅先生又在说玩笑话了。

"多吃就胖了，那么周先生为什么不多吃点？"

鲁迅先生听了这话就笑了，笑声是明朗的。

从七月以后鲁迅先生一天天的好起来了，牛奶，鸡汤之类，为了医生所嘱也隔三岔五的吃着，人虽是瘦了，但精神是好的。

鲁迅先生说自己体质的本质是好的，若差一点的，就让病打倒了。

这一次鲁迅先生保着了很长的时间，没有下楼更没有到外边去过。

在病中，鲁迅先生不看报，不看书，只是安静的躺着。但有一张小画是鲁迅先生放在床边上不断看着的。

那张画，鲁迅先生未生病时，和许多画一道拿给大家看过的，小得和纸烟包里抽出来的那画片差不多。那上边画着一个穿大长裙子飞散着头发的女人在大风里边跑，在她旁边的地面上还有小小的红玫瑰花的花朵。

记得是一张苏联某画家着色的木刻。

鲁迅先生有很多画,为什么只选了这张放在枕边。

许先生告诉我的,她也不知道鲁迅先生为什么常常看这小画。

有人来问他这样那样的,他说:

"你们自己学着做,若没有我呢!"

这一次鲁迅先生好了。

还有一样不同的,觉得做事要多做……

鲁迅先生以为自己好了,别人也以为鲁迅先生好了。

准备冬天要庆祝鲁迅先生工作三十年。

又过了三个月。

一九三六年十月十七日,鲁迅先生病又发了,又是气喘。

十七日,一夜未眠。

十八日,终日喘着。

十九日,夜的下半夜,人衰弱到极点了。天将发白时,鲁迅先生就像他平日一样,工作完了,他休息了。

附录一：鲁迅的生活

许寿裳

鲁迅是预言家，是诗人，是战士。我在《怀亡友鲁迅》文中说过，"他的五十六年全生活是一篇天地间的至文"，也就是一篇我们中华民族的杰作。这样伟大的一生决不是短时间所能说尽的，不过随便谈谈，得个大概罢了。

在开讲之前，我要问诸位一声，诸位大概在中学时代，甚而至于在小学时代已经读过了鲁迅的作品。读了之后，在没有会见他或者没有见过他的照相之前，那时诸位的想象中，鲁迅是怎样一个人？这种回忆，对于鲁迅的认识上是很有帮助的。我的一位朋友的女儿，十余年前，在孔德学校小学班已经读了鲁迅的作品。有一天，听说鲁迅来访她的父亲了，她便高兴之极，跳跃出去看，只觉得他的帽子边上似乎有花纹，很特别。等到挂上帽架，她仰着头仔细一望，原来不过是破裂的痕迹。后来，她对父亲说:"周老伯的样子很奇怪。我当初想他一定是着西装,皮鞋,头发分得很光亮的。他的文章是这样漂亮,他的服装为什么这样不讲究呢?"

再讲一个近时的故事:这见于日本内山完造的《鲁迅先生》文中,用对话体记着,有一天,鲁迅照常穿着粗朴的蓝布长衫,廉价的橡皮底的中国跑鞋,到大马路Cathay Hotel去看一个英国人。

"可是,据说房间在七层楼,我就马上去搭电梯。那晓得司机的装着不理会的脸孔,我以为也许有谁要来罢,就这么等着。可是谁也没有来,于是我就催促他说'到七层楼',一催,那司机的家伙便重新把我的神气从头顶到脚尖骨溜骨溜地再打量一道,于是乎说'走出去'!终于被赶出了电梯。"

"那才怪呢!后来先生怎么呢?"

"没有办法,我便上扶梯到七层楼;于是乎碰见了目的的人,谈了两小时光景的话,回来的时候,那英国人送我到电梯上。恰巧,停下来的正是刚才的那一部电梯。英国人非常殷勤,所以这次没有赶出我,不,不是的,那个司机非常窘呢。——哈哈哈……"(《译文》二卷三期,日本原文见《改造》

十八卷十二号）

关于鲁迅容貌的印象：我在此引一个英国人的话，颇觉简而得要，这见于 H. E. Shadick 的《对鲁迅的景仰》文中。他是燕大英文学系主任教授，不曾会见过鲁迅，只是从照相上观察，说道：

在我的面前呈现着一张脸，从耸立的头发到他的有力的颚骨，无处不洋溢出坚决和刚毅。一种坦然之貌，惟有是完美的诚恳的人才具备的。前额之下，双眼是尖锐的，而又是忧郁的。眼睛和嘴都呈露出他的仁慈心和深切的同情，一抹胡须却好像把他的仁慈掩盖过去。

这些特质同样地表现在他的作品中，在他的生命里……（原文见《燕大周刊丛书》之一，《纪念中国文化巨人鲁迅》）

鲁迅的生活状况可分为七个时期：一、幼年在家时期，一至十七岁；二、江南矿路学堂时期，十八至二十一岁；三、日本留学时期，二十二至二十九岁；四、杭州绍兴教书时期，二十九至三十一岁；五、北平工作时期，三十二至四十六岁；六、厦门广州教书时期，四十六至四十七岁；七、上海工作时期，四十七至五十六岁。

一、幼年在家时期

一至十七岁，预备时期（1881—1897），这期的时代背景最大的有甲午中日之战。

鲁迅的幼年生活有他的回忆录——《旧事重提》，后改名为《朝花夕拾》——可供参考，现在略举几个特点如下：

（一）好看戏

（甲）五猖会（见《朝花夕拾》）是一件罕逢的盛事，在七岁时候，正当高兴之际，突然受了打击，他的父亲要他读熟《鉴略》数十行，背不出不准去，后来虽然背出，不遗一字，却已弄到兴趣索然。

（乙）社戏（见《呐喊》）

（丙）夜戏，目连戏（见《朝花夕拾·无常》）

（丁）女吊（见《中流》三期[1]）　绍兴有两种特色的鬼，一种是表现对于死的无可奈何，而且随随便便的"无常"，一种便是"女吊"，也叫作"吊神"，是带复仇性的，比别的一切鬼魂更美，更强的鬼魂。鲁迅临死前二日——十月十七日下午在日本作家鹿地亘的寓所，也谈到这"女吊"，这可称鲁迅的最后谈话。（日本池田幸子有一篇《最后一天的鲁迅》记及此事，见日本杂志《文艺》四卷十二号。）

（戊）胡氏祠堂看戏　这点在他的著作里是没有谈到，我从他的母亲那里听来的：在十余岁时候，胡家祠堂里演戏，他事先已经看好了一个地方——远处的石凳。不料临时为母亲所阻止，终于哭了执意要去看，至则大门已关，不得进去。后来知道这一天，因为看客太多，挤得石凳断了，摔下来，竟有被压断胫骨的。他之不得其门而入，幸哉幸哉！

他幼年爱好看戏，至于如此，可是后来厌恶旧剧了。

（二）好描画

（甲）描画　用一种荆川纸，蒙在小说的绣像上一个

---

1. 后收入《且介亭杂文末编》。

个描下来,像习字时候的影写一样。……最成片段的是《荡寇志》和《西游记》的绣像,都有一大本。(见《朝花夕拾·从百草园到三味书屋》)

(乙)搜集图画(见《朝花夕拾·阿长与〈山海经〉、〈二十四孝图〉》)这和他后来中年的搜集,研究汉画像,晚年的提倡版画有密切的关系。

(三)不受骗

(甲)不听衍太太的摆布(见《朝花夕拾·琐记》)

(乙)对于《二十四孝图》的怀疑 "其中最使我不解,甚至于发生反感的,是'老莱娱亲'和'郭巨埋儿'两件事"。(见《朝花夕拾·〈二十四孝图〉》)

这样从小就有独到之见,和上述的艺术兴趣,可见他在此时期,天才的萌芽已经显露出来了。

二、江南矿路学堂时期

十八至二十一岁(1898—1901),这期的国家大事有戊戌变法和庚子义和团之役。

他的学堂生活从此开始,起初考入水师学堂,后才

改入矿路学堂,《朝花夕拾》里有一篇《琐记》是可参考的。此外,还有几件事:

(一)爱看小说　新小说购阅不少。对于功课从不温习,也无须温习,而每逢月考,大考,名列第一者什居其八。

(二)好骑马　往往由马上坠落,皮破血流,却不以为意,常说:"落马一次,即增一次进步。"

(三)不喜交际

至于苦学的情况,如以八元旅费上南京,夹裤过冬,凡上下轮船总是坐独轮车,一边搁行李,一边坐人。

三、日本留学时期

二十二至二十九岁,修养时期(1902—1909年夏),这期的大事是俄兵占领奉天,日俄开战,革命思潮起于全国,和他个人关系较切的有章太炎师的下狱,徐锡麟、秋瑾的被杀等。

这留学时期又可分为三个小段:(一)东京弘文学院时期,(二)仙台医学专门学校时期,(三)东京研究文学时期。

(一)东京弘文学院时期(1902—1904年夏)

此时,我初次和他相识,他在课余爱读哲学文学的书以及常常和我谈国民性问题,这已见于拙著《怀亡友鲁迅》,兹不赘述。他曾为《浙江潮》撰文,有《斯巴达之魂》,《说钽》等(见《集外集》),钽即镭也。

(二)仙台医学专门学校时期(1904—1906年春)

他学医的动机:(1)恨中医耽误了他的父亲的病。(2)确知日本明治维新是大半发端于西医的事实。以上两点,参阅《呐喊》序文和《朝花夕拾·父亲的病》便知。但是据我所知,除此以外,还对于一件具体的事实起了弘愿,也可以说是一种痴想,就是:(3)救济中国女子的小脚,要想解放那些所谓"三寸金莲",使恢复到天足模样。后来,实地经过了人体解剖,悟到已断的筋骨没有法子可想。这样由热望而苦心研究,终至于断念绝望,使他对于缠足女子的同情,比普通人特别来得大,更由绝望而愤怒,痛恨赵宋以后历代摧残女子者的无心肝,所以他的著作里写到小脚都是字中含泪的。例如:

(1)见了绣花的弓鞋就摇头。(《朝花夕拾·范爱农》)

（2）"至于缠足，更要算在土人的装饰法中，第一等的新发明了。……可是他们还能走路，还能做事；他们终是未达一间，想不到缠足这好法子。……世上有如此不知肉体上的痛苦的女人，以及如此以残酷为乐，丑恶为美的男子，真是奇事怪事。"(《热风·随感录四十二》)

（3）小姑娘六斤新近裹脚，"在土场上一瘸一拐的往来"。(《呐喊·风波》)

（4）讨厌的"豆腐西施"，"两手搭在髀间，没有系裙，张着两脚，正像一个画图仪器里细脚伶仃的圆规"。(《呐喊·故乡》)

（5）爱姑的"两只钩刀样的脚"。(《彷徨·离婚》)

（6）"……女子的脚尤其是一个铁证，不小则已，小则必求其三寸，宁可走不成路，摇摇摆摆。"(《南腔北调集·由中国女人的脚，推定中国人之非中庸，又由此推定孔夫子有胃病》)

他的感触多端，从此着重在国民性劣点的研究了。可见《呐喊》序文所载，在微生物学讲义的影片里，忽然看到咱们中国人的将被斩，就要退学，决意提倡文艺运动，这影片不过是一种刺激，并不是惟一的刺激。

(三)东京研究文学时期(1906—1909年夏)

一九〇二年的夏天,留日学生的人数还不过二三百,后来"速成班"日见增多,人数达到二万,真是浩浩荡荡,他们所习的科目不外乎法政,警察,农,工,商,医,陆军,教育等,学文艺的简直没有,据说学了文学将来是要饿死的。

然而鲁迅就从此致力于文艺运动,至死不懈。

此时,他首先绍介欧洲新文艺思潮,尤其是弱小民族,被压迫民族的革命文学。有两件事应该提到的:(1)拟办杂志《新生》,(2)译域外小说。这两件事说来颇长,好在他令弟知堂(作人)所作的《关于鲁迅(二)》(《宇宙风》三十期)文中已经叙明,我不必重复详说,只略略有所补充而已。《新生》虽然没有办成,可是书面的图案以及插图等等,记得是统统预备好了,一事不苟的;连它的西文译名,也不肯随俗用现代外国语,而必须用拉丁文曰 Vita Nuova。后来,鲁迅为《河南》杂志撰《文化偏至论》《摩罗诗力说》(《坟》),绍介英国的拜伦,德国的尼采、叔本华,挪威的易卜生,及俄国、波兰、匈牙利的诗人等。《域外小说集》初印本的书面也是很优美的，图案是希腊的艺术，题字是篆文《或外小说人》，纸质甚佳，毛边不切。

大家都知道《新青年》杂志是新文化运动——文学革命，思想革命——的急先锋。它的民七，一月号，胡适之的《归国杂感》，说调查上海最通行的英文书籍，"都是和现在欧美的新思想毫无关系的，怪不得我后来问起一位有名的英文教习，竟连 Bernard Shaw（萧伯纳）的名字也不曾听见过，不要说 Tshekhob（契诃夫）和 Andrejev（安德烈耶夫）了，我想这都是现在一班教会学堂出身的英文教习的罪过"。殊不知周氏兄弟在民七的前十年，早已开始译 Tshekhob 和 Andrejev 的短篇小说了。

鲁迅实在是绍介和翻译欧洲新文艺的第一个人。

总之，他在游学时期，用心研究人性和国民性问题，养成了冷静而又冷静的头脑。惟其爱国家爱民族的心愈热烈，所以观察得愈冷静。这好比一个医道高明的医师，遇到了平生最亲爱的人，患着极度危险的痼疾，当仁不让，见义勇为，一心要把他治好。试问这个医师在这时候，是否极度冷静地诊察，还是蹦蹦跳跳，叫嚣不止呢？这冷静是他的作品所以深刻的根本原因。

四、杭州绍兴教书时期

二十九至三十一岁（1909年夏—1911年冬），这时期的大事是辛亥革命。

民元前三年夏，他因为要负担家庭的费用，不得不归国做事了。在杭州任两级师范学堂生理和化学教员一整年，在绍兴任中学堂教务长一年余，革命以后，任师范学校校长几个月。

在两级师范教化学的时候，有过这样的一件事："他在教室试验氢气的燃烧，因为忘记携带火柴了，故于出去时告学生勿动收好了的氢气瓶，以免混入空气，在燃烧时炸裂。但是取火柴回来一点火，居然爆发了；等到手里的血溅满了白的西装硬袖和点名簿时，他发见前两行只留着空位：这里的学生，想来是趁他出去时放进空气之后移下去的，都避在后面了。"所以孙春台（福熙）的《我所见于〈示众〉者》里说："鲁迅先生是人道主义者，他想尽量地爱人，然而他受人欺侮，而且因为爱人而受人欺侮。倘若他不爱人，不给人以氢气瓶中混入

空气，燃烧时就要燥裂的智识，他不至于炸破手。……"（民十五，五月，《京报副刊》）

五、北平工作时期

三十二至四十六岁（民元—十五年秋，即1912—1926年秋），这期的大事，国内有民元中华民国成立，民四日本二十一条的威胁及洪宪称帝，民六张勋复辟运动，民十四孙中山先生逝世及上海五卅惨案，民十五北京"三一八"惨案及国民革命军北伐；国外有世界大战。

元年一月，临时政府成立于南京，鲁迅应教育总长蔡孑民先生之招，到部办事，公余老是抄沈下贤的集子。一日，曾偕我同董恂士（鸿祎）去访驻防旗营的残址，只见已经成了一片瓦砾场，偶尔剩着几间破屋，门窗全缺，情状是很可怜，使他记起了从前在矿路学堂读书的时候，骑马过此，不甘心受旗人的欺侮，扬鞭穷追，以致坠马的故事。

同年五月，到北京，住绍兴会馆，先在藤花馆，后在补树书屋，这便是相传在槐树上缢死过一个女人，从此多年没有人要住的。八年移居八道湾,十二年迁寓砖塔胡同,十三年移入宫门口西三条新屋。

在北京工作十五年,其间又可分为前后两段,以《新青年》撰文(民国七年)为界,前者重在辑录研究,后者重在创作。

前期住在会馆,散值的工作是:(一)抄古碑,(二)辑故书,这二事可参考知堂的《关于鲁迅》(《宇宙风》二九期),(三)读佛经,鲁迅的信仰是科学,不是宗教,他说佛教和孔教一样,都已经死亡,永不会复活了。所以他对于佛经,只做人类思想史的材料看,借此研究其人生观罢了。别人读了佛经,就趋于消极,而他独不然。

至于他的创作短篇小说,开始在民国七年四月,发表在同年五月号的《新青年》,正值"五四"运动的前一年。其第一篇曰《狂人日记》,才用"鲁迅"作笔名,"从此以后,便一发而不可收",他的创作力好像长江大河,滚滚不绝。这是鲁迅生活上的一个大发展,也是中国文学史上应该大书特书的一章。因为从此,文学革命才有了永不磨灭的伟绩,国语文学才有了不朽的划时代的杰作,而且使他成为我们中国思想界的先知,民族解放上最勇敢的战士。现在时间有限,我只就《狂人日记》和《阿Q正传》两篇做个举例的说明而已。

《狂人日记》是借了精神迫害狂者来猛烈地掊击礼教的。据鲁迅自己说:"因那时的认为'表现的深切和格式的特别',颇激动了一部分青年读者的心。然而这激动,却是向来怠慢了绍介欧洲大陆文学的缘故。一八三四年顷,俄国的果戈理(N. Cogol)就已经写了《狂人日记》……但后起的《狂人日记》意在暴露家族制度和礼教的弊害,却比果戈理的忧愤深广,也不如尼采的超人的渺茫。"(参阅《中国新文学大系·小说二集导言》)这是实实在在的话,试问读到篇中所云:

我翻开历史一查,这历史没有年代,歪歪斜斜的每叶上都写着"仁义道德"几个字,我横竖睡不着,仔细看了半夜,才从字缝里看出字来,满本都写着两个字是"吃人"!

又云:

有了四千年吃人履历的我,当初虽然不知道,现在明白,难见真的人!

有谁不感到礼教的迫害,有谁不想奋起而来攻击呢?他的其余作品有好多篇仿佛可做这《狂人日记》的说明,《祝福》便是一个例子。《祝福》的惨事,不惨在狼吃了"阿毛",而惨在礼教吃了"祥林嫂"。

我那时在南昌,读到《狂人日记》就非常感动,觉得这很像周豫才的手笔,而署名却是姓鲁,天下岂有第二个豫才乎?于是写信去问他,果然回信来说确是"拙作",而且那同一册里有署名"唐俟"的新诗也是他作的。到了九年的年底,我们见面谈到这事,他说:"因为《新青年》编辑者不愿意有别号一般的署名,我从前用过迅行的别号是你所知道的,所以临时命名如此:理由是(1)母亲姓鲁,(2)周鲁是同姓之国,(3)取愚鲁而迅速之意。""至于唐俟呢?"他答道:"哦!因为陈师曾(衡恪)那时送我一方石章,并问刻作何字,我想了一想,对他说'你叫做槐堂,我就叫俟堂罢'。"我听到这里,就明白了这"俟"字的含义。那时部里的长官某很想挤掉鲁迅,他就安静地等着,所谓"君子居易以俟命"也。

把"俟堂"两个字颠倒过来，堂和唐两个字同声可以互易，于是成名曰"唐俟"，周，鲁，唐，又都是同姓之国也。可见他无论何时没有忘记破坏偶像的意思。

《阿Q正传》的署名是"巴人"，取"下里巴人"，并不高雅的意思。（《华盖集续编·〈阿Q正传〉的成因》）大家都知道这是一篇讽刺小说，在描写中国民族的魂灵。知堂在十一年三月十九日《晨报副刊》上说过："阿Q这人是中国一切的谱——新名词称作'传统'——的结晶，没有自己的意志而以社会的因袭的惯例为其意志的人，所以在现社会里是不存在而又到处存在的。……（他）承受了恶梦似的四千年来的经验所造成的一切'谱'上的规则，包含对于生命幸福名誉道德各种意见，提炼精粹，凝为个体，所以实在是一幅中国人品性的'混合照相'，其中写中国人的缺乏求生意志，不知尊重生命，尤为痛切，因为我相信这是中国人的最大的病根。"（仲密：《自己的园地》八。后来印成单行本的时候，这一篇未见收入。）

《阿Q正传》发表于民国十年十二月，到现今是整整的十五年了。我每次读到它，总感觉一种深刻和严肃，并且觉得在鲁迅的其余作品中,有许多处似乎可当作这篇的注解或说明来读,因为描写阿Q的劣性仿佛便是描写民族的劣性故也。现在随便举出几点,彼此参照,便可了然,例如:

(一)自大　阿Q和别人口角的时候,间或瞪着眼睛道:"我们先前——比你阔的多啦!你算是什么东西!"这宛然是以"中国地大物博,开化最早,道德天下第一"自负的国粹派的口吻,鲁迅所时常指摘的:"他们自己毫无特别才能,可以夸示于人,所以把这国拿来做个影子;他们把国里的习惯制度抬得很高,赞美的了不得;他们的国粹,既然这样有荣光,他们自然也有荣光了!"(《热风·随感录三十八》)

(二)卑怯　阿Q"发起怒来,估量了对手,口讷的他便骂,气力小的他便打……"试读《随感录四十八》有云:"中国人对于异族,历来只有两样称呼:一样是禽兽,一样是圣上。从没有称他朋友,说他也同我们一样的。"(《热风》)还有《通讯》云:"先生(旭生)的信上说:惰性表现的形式不一,而最普通的,第一就是听天任命,第二就是中庸。我以为这两种态度的根柢,怕不可仅以惰性了之，其实乃是卑怯。遇见强者，不敢反抗，便以'中庸'这些话来粉饰，聊以自慰。所以中国人倘有权力，看见别人奈何他不得，或者有'多数'作他护符的时候，多是凶残横恣，宛然一个暴君，做事并不中庸；待到满口'中庸'时，乃是势力已失，早非'中庸'不可的时候了。一到全败，则又有'命运'来做话柄，纵为奴隶，也处之泰然，但又无往而不合于圣道，这些现象，实在可以使中国人败亡，无论有没有外敌。要救正这些，也只好先行发露各样的劣点，撕下那好看的假面具来。"（《华盖集》）还有，《忽然想到（七）》有云："……可惜中国人但对于羊显凶兽相，而对于凶兽则显羊相，所以即使显着凶兽相，也还是卑怯的国民。这样下去，一定要完结的。……"（《华盖集》）

（三）善变——投机，迎合取巧　阿Q本来是深恶革命的，后来却也有些神往，想"革命也好罢……"试读《忽然想到（四）》里的话："……其实这些人是一类，都是伶俐人，也都明白，中国虽完，自己的精神是不会苦的，——因为都能变出合式的态度来。倘有不信，请看清朝的汉人所做的颂扬武功的文章去，开口'大兵'，闭口'我军',你能料得到被这'大兵','我军'所败的就是汉人的么？你将以为汉人带了兵将别的一种什么野蛮腐败民族歼灭了。然而这一流人是永远胜利的,大约也将永久存在。在中国,惟他们最适于生存,而他们生存着的时候,中国便永远免不掉反覆着先前的运命。"(《华盖集》)还有《算账》里说:"……我每遇到学者谈起清代的学术时,总不免同时想:'扬州十日','嘉定三屠'这些小事情,不提也好罢,但失去全国的土地,大家十足做了二百五十年奴隶,却换得这几页光荣的学术史……"(《花边文学》)

（四）自欺——精神上的胜利法　阿Q在形式上打败了之后,有种种妙法以自慰：或者算被儿子打了,或者说自己是虫豸好不好,或者简直打自己两个嘴巴,就立刻心满意足了。这类自欺欺人,别设骗局的方法,在士大夫之间也何尝没有？"……有时遇到彰明的史实,瞒不下,如关羽岳飞的被杀,便只好别设骗局了。一是前世已造夙因,如岳飞；一是死后使他成神,如关羽。定命不可逃,成神的善报更满人意,所以杀人者不足责,被杀者也不足悲,冥冥中自有安排,使他们各得其所,正不必别人来费力了。中国人的不敢正视各方面,用瞒和骗,造出奇妙的逃路来,而自以为正路。在这路上,就证明着国民性的怯弱,懒惰,而又巧滑。一天一天的满足着,即一天一天的堕落着,但却又觉得日见其光荣。在事实上,亡国一次,即添加几个殉难的忠臣,后来每不想光复旧物,而只去赞美那几个忠臣;遭劫一次,即造成一群不辱的烈女,事过之后,也每每不思惩凶,自卫,却只顾歌咏那一群烈女。仿佛亡国遭劫的事,反而给中国人发挥'两间正气'的机会,增高价值,即在此一举,应该一任其至,不足忧悲似的。自然,此上也无可为,因为我们已经借死人获得最上的光荣了。沪汉烈士的追悼会中,活的人们在一块很可景仰的高大的木主下互相打骂,也就是和我们的先辈走着同一的路。……"(《坟·论睁了眼看》)

此外,描写着的劣性还很多,限于时间,不及备举了。

十五年"三一八"惨案后,四月奉军进京,有通缉名单的传言,我和鲁迅及其他相识十余人,避居在D医院的一间堆积房里若干日,鲁迅在这样流离颠沛之中,还是不断地写文章,《朝花夕拾》里的《二十四孝图》,《五猖会》,《无常》,都是这时的作品。

这期的重要创作,已经结集者有：

小说:《呐喊》,《彷徨》
论文:《坟》
讲义:《中国小说史略》
散文诗:《野草》
回忆文:《朝花夕拾》(前半部)
杂感集:《热风》,《华盖集》,《华盖集续编》

六、厦门广州教书时期

四十六,四十七岁(民十五年秋—十六年秋,即1926—1927),时代背景是宁汉分裂,国民党清党运动。

这时期虽很短,只有一年,可是鲁迅感触多端,不很开口,"抱着梦幻而来,一遇实际,便被从梦境放逐了,不过剩下些索漠"。因之,生活极不安定,宿舍屡有更变。在厦门四个月,因为"不合时宜",搬来搬去,终于被供在图书馆楼上的一间屋子里,虽对着春秋早暮景象不同的山光海气也不甚感动，所不能忘怀的，倒是一道城墙，据说是郑成功的遗迹。"一想到除了台湾，这厦门乃是满人入关以后我们中国的最后亡的地方，委实觉得可悲可喜。"(《华盖集续编·厦门通信》)到广州后，起初他和我同住在中山大学中最中央而最高的处所，通称"大钟楼"，后来搬出学校，租了白云楼的一组仍旧合居。"……我这楼外却不同：满天炎热的阳光，时而如绳的暴雨；前面的小港中是十几只蛋户的船，一船一家，一家一世界，谈笑哭骂，具有大都市中的悲欢。也仿佛觉得不知那里有青春的生命沦亡，或者正被杀戮，或者正在呻吟，或者正在'经营腐烂事业'和作这事业的材料。然而我却渐渐知道这虽然沉默的都市中，还有我的生命存在，纵已节节败退，我实未尝沦亡。"(《小约翰·引言》)诸位请读《两地书》及《三闲集》里的《怎么写》《在钟楼上》两篇，便可以知道那时期他的生活的大略。

我不知道他在厦门大学担任什么科目，至于在中山大学，则任文学论和中国文学史等，因为选修文学论的学生人数太多，以至上课时间排在晚上，教室用大礼堂。这期的著作如下：

回忆文：《朝花夕拾》（后半部）

杂感集：《华盖集续编的续编》（附在《华盖集续编》之后），《而已集》

通讯：《两地书》（一部分。与景宋[1]合著）

讲义：《中国文学史》（未完）

七、上海工作时期

四十七至五十六岁（民十六年秋—二十五年十月十九日，即1927—1936），国家大事有十七年的北伐成功及"五三"济南事件，二十年"九一八"后东四省的沦亡，二十一年"一·二八"上海之战。

这十年之间，国难的严重，日甚一日，鲁迅对于帝国主义的侵略，国内政治的不上轨道，上海文坛的浅薄空虚，一点也不肯放松，挺身而出，"奋笔弹射，无所避回"，于是身在围攻，禁锢之中，而气不稍馁，始终奋斗，决不屈服。这时期可以称为短评时期。他的短评，都像

---

1. 即许广平。

短兵相接，篇篇是诗，精悍无比。不识者奚落他，称之为"杂感家"，殊不知这正是他的战士生活的特色。他不想做什么领袖，也没有"藏之名山"的意思，以为一切应时的文字，应该任其消灭的。《热风》序文里说得好："……几个朋友却以为现状和那时并没有大两样，也还可以存留，给我编辑起来了。这正是我所悲哀的。我以为凡对于时弊的攻击，文字须与时弊同时灭亡，因为这正如白血轮之酿成疮疖一般，倘非自身也被排除，则当它的生命的存留中，也即证明着病菌尚在。"所以他的十多本杂感集大都是应时而作，只要时弊快快去掉，则他的文字本来愿意欢欢喜喜地消灭。

上海不是个好住处，不说别的，单是空中的煤灰和邻居的无线电收音，已经够使他心烦气闷了。他常对我说，颇想离开上海，仍回北平，因为有北平图书馆可以利用，愿意将未完的《中国文学史》全部写成。它的大纲早已成竹在胸，分章是《思无邪》，《诸子》，《离骚与反离骚》，《药与酒》……他的观察史实，总是比别人深一层，能发别人所未发，所以每章都有独到的见解。我们试读《而已集》里那篇《魏晋风度及文章与药及酒之关系》,便可窥见一斑。这是他的《中国文学史》的一段,思想很新颖,议论很透辟,将一千六百年前人物的真相发露出来,成了完全和旧说不同的样子。我正盼望这部大著作能够早日观成,不料他竟赍志以殁,连腹稿也同埋地下,这是无可弥补的大损失!

近年来,他写文章之外,更致力于大众艺术和大众语文。前者是提倡版画,因其好玩,简便,而且有用,认为正合于现代中国的一种艺术。他个人首先搜集了许多件英,俄,德,法,日本的铭刻,有时借给别人去展览,有时用玻璃版翻印出来,如《士敏土之图》,《凯绥·珂勒惠支版画选集》,使艺术学徒有所观摩。一面,在上海创办木刻速修讲习会,从招生以至每日的口译,都由他一个人担任的。这个艺术现在已经很有进步,可以说风行全国了。后者是鼓吹大众语,因为汉字和大众是势不两立的。他说:"现在能够实行的,我以为是(一)制定罗马字拼音(赵元任的太繁,用不来的);(二)做更浅显的白话文,采用较普通的方言,姑且算是向大众语去的作品,至于思想,那不消说,该是'进步'的;(三)仍要支持欧化文法,当作一种后备。"(《且介亭杂文·答

曹聚仁先生信》)

本期的重要著作,列举如下:

短评集:《三闲集》

杂文集:《二心集》

短评集:《伪自由书》(一名《不三不四集》)

杂文集:《南腔北调集》

短评集:《准风月谈》,《花边文学》

历史小说:《故事新编》

通讯:《两地书》(一部分。与景宋合著)

杂文:《集外集》,《集外集拾遗》,《且介亭杂文》,《且介亭杂文二集》,《且介亭杂文末编》

此外,近年散见于各种杂志的文章,不曾由他自己结集起来,否则一定又添了一个有趣的书名。有一本题作《一九三五年——一九三六年鲁迅杂文集》,在他逝世后的一个月——十月印行的,编次甚乱而销行甚广,决不是他自己编订的东西,前面既无序文,书尾也不贴印花。自从他一去世,投机取巧的市侩,东抄西撮,纷纷出书,什么"鲁迅自述"啦,"鲁迅杂感集"啦,"鲁迅讽刺文集"啦,"鲁迅最后遗著"啦,陈列在书摊上,五花八门,指不胜屈。更有无耻之徒,冒名取利者,将别人的作品,换一个临时封面,公然题作"鲁迅著",例如《活力》,《归家》,等等,尤其可恶。请诸位千万注意,别去上当!

以上所谈,只关于他的创作方面,至于翻译,已经印行的不下三十种,工作也极其认真,字字忠实,不肯丝毫苟且,并且善能达出原文的神旨,这也是译界中不可多得的珍宝。

总之,鲁迅无论求学,做事,待人,交友,都是用真诚和挚爱的态度,始终如一,凡是和他接近过的人一定会感觉到的。他的勤苦耐劳,孜孜不倦,真可以忘食,忘寒暑,忘昼夜。在广州住白云楼的时候,天气炎热,他的住室,阳光侵到了大半间,别人手上摇着扇子,尚且流汗,可是他能在两窗之间的壁下,伏案写稿,手不停挥:修订和重抄《小约翰》的译稿;编订《朝花夕拾》,作后记,绘插图;又编录《唐宋传奇集》,等等。蛰居上海以后,为生活费的关系,勤劳更甚。书案前一坐下,便是工作;工作倦了,坐到案旁的一张藤躺椅上,看看报,或是谈谈天，便算休息。生平游览极少，酬应最怕，大抵可辞则辞。衣服是布制的；鞋当初是皮的，十余年来是胶皮底帆布面的；卧床向用板床，近十年来才改。写字始终用毛笔。除了多吸烟卷而外，一无嗜好。他至死保持着质朴的学生时代的生活。

他的真挚，我不用说别的，就在游戏文字里，也是不失常度，试读《我的失恋》，便可知道。这本来是打油诗，其中所云："爱人赠我百蝶巾；回她什么：猫头鹰"，"爱人赠我双燕图；回她什么：冰糖壶卢"，"爱人赠我金表索；回她什么：发汗药"，"爱人赠我玫瑰花；回她什么：赤练蛇"（《野草·我的失恋》），似乎是信口胡诌了，其实不然。要晓得猫头鹰，发汗药之类，的确是他自己所心爱的或是所常用的物品，并没有一点做作。

他的富于友爱，也是常人所不能及的，最肯帮人的忙，济人的急，尤其是对于青年，体贴无微不至。但是竟还有人说他脾气大，不易相处，这是我所百思不解的。

他这样地牺牲了个人生前的幸福，努力为民族的生存和进步而奋斗，患肺结核而至于医师多次警告了，还是不肯休息，而且"要赶快做"，真是实践了他三十五年前所作的"我以我血荐轩辕"的诗句!

我说过,鲁迅之所以伟大,就在他的冷静和热烈双方都彻底。现在话已说多了,就引用他的《自嘲》诗中的两句作为今天谈话的总括罢:

横眉冷对千夫指;
俯首甘为孺子牛。

上句表冷静,下句表热烈。关于上句,请参阅"我的确时时解剖别人,然而更多的是更无情面地解剖我自己,发表一点,酷爱温暖的人物已经觉得冷酷了,如果全露出我的血肉来,末路正不知要到怎样"。(《坟·写在〈坟〉后面》)下句请参阅"救救孩子"(《狂人日记》的末句),"自己背着因袭的重担,肩住了黑暗的闸门,放他们到宽阔光明的地方去"。(《坟·我们现在怎样做父亲》)又景宋的哀诗所引用的:"我好象一只牛,吃的是草,挤出的是奶。"即使在《自嘲》中,也可以看出他的伟大来。

一九三六年十二月十七日

附录二：鲁迅和青年们

景宋

一　我的升学

让我站在作为一个青年的立场，——从这一角度，来观测鲁迅先生，是这样的：

"五四"潮流的音波，从北京延展开去，青年的思想一变，求知欲刺激每一个弱小的灵魂。那时的我，虽则初级师范已经毕业，且已担任了教职，而仍多方设法达到升学的野心。可是经济条件不容许我进那较近理想的学校，在几度考量之下，我投入了女高师。

校长是许寿裳先生，和北大校长蔡元培先生，是同乡而又是知交，这给了我校以许多便利。北大每有学术讲演，总时常容许我校同学参加听讲。记得那时正宣传着爱因斯坦来华讲演相对论，自己虽则不是理科生，但觉得多听些总有好处，也就常常跑去听讲。这兄妹一样的学校，虽然小妹妹比起大哥哥来，实在太过弱小了，然而文科的教师，因许校长热心的计划，我那班里，几乎全是北大的教授和讲师。校舍虽不同，所受的教课，讲义却是一样的。尤其马裕藻、周树人、周作人、沈尹默、沈兼士、沈士远诸先生，都是为学生们所景仰不置的。我初到北平时，即听见朋友说：北平文化界之权威，为三沈二周二马。女师大竟有那么多名教授，这是使同学们非常欣慰的事。

二　许多导师

那时是一九二三年，开学之始，三沈之中，惟士远先生未来授课，但入后也终于来了。二周——鲁迅、岂明两先生，则是一开学即给我们以不少教益。有一位马先生，因为并非研究文学，自然无从领教。而幼渔——即裕藻——先生，不但于授课之际，"诲人不倦"，且于课余，纵论一切，亲切、诚恳、坦率，真不似严师，转令人有如面慈父之感。

三　岂明先生

岂明先生，担任近体文，每星期二小时，真不愧恂恂儒者。他那慈祥恺悌的容貌，温和博赅的教诲，令人如处暮春天气，和煦中感到微微沉醉。但沉醉也叫人顽皮，有的偷偷离开讲堂了；有的狂放的尽管自己写字，编织绒衣，——受高等专门学问，自觉的求学青年，还需要教师训斥吗？学问渊博涵养素优的先生，也从不肯稍变他的态度的，就是只剩一个人，他也绝无"不屑教诲"之意。且还有不少学生，理解他的勤恳，每次下课有多少人包围着他：请教疑问，请求修改习作小说，杂文和新诗；——问这问那的，时常挨到另一位先生来上课。其间，主任先生虽然打算把这一门功课停掉，大半同学仿佛也无可无不可，然而求知的欲望，驱迫了另一些青年，不肯轻轻放过，终于岂明先生也一样教着课，直到我们毕业。始终是我们所崇敬的师长之一。

四　鲁迅先生

当鲁迅先生来上课的瞬间，人们震于他的声名，每个学生都怀着研究这新先生的一种好奇心。在钟声还没收住余音，同学照往常积习还没就案坐定之际，突然，一个黑影子投进教室来了。首先惹人注意的便是他那大约有两寸长的头发，粗而且硬，笔挺的竖立着，真当得"怒发冲冠"的一个"冲"字。一向以为这句话有点夸大，看到了这，也就恍然大悟了。褪色的暗绿夹袍，褪色的黑马褂，差不多打成一片。手弯上衣身上的许多补丁，则炫着异样的新鲜色彩，好似特制的花纹。皮鞋的四周也满是补丁。人又鹘落，常从讲坛跳上跳下，因此两膝盖的大补丁,也掩盖不住了。一句话说完:一团的黑。那补丁呢，就是黑夜的星星，特别熠耀人眼。小姐们哗笑了！"怪物，有似出丧时那乞丐的头儿。"也许有人这么想。讲授功课，在迅速的进行。当那笑声还没有停止的一刹那，人们不知为什么全都肃然了。没有一个人逃课，也没有一个人在听讲之外拿出什么东西来偷偷做。

钟声刚止，还来不及包围着请教，人不见了，那真是"神龙见首不见尾"。许久许久，同学醒过来了，那是初春的和风，新从冰冷的世间吹拂着人们，阴森森中感到一丝丝暖气。不约而同的大家吐一口气回转过来了。一致爱护的鲁迅先生，在学生中找不出一句恶评。也曾经有过一次辞职的事，大家一个也不缺的，挤到教务处，包围他，使得他团团的转，满都是人的城墙，肉身做的堡垒。这城堡不是预备做来攻击他，正相反，是卫护他的铁壁铜墙。接受了这一批青年热诚的先生，终于重又执掌教务。

五　力的浸透

一天天的熏陶熔冶，可亲可敬的灌溉着每一株小草，许多青年想尽千方百计去接近他，希望从他那里多少得点杨枝雨露。他不自私！正义感蕴蓄在他的心中；扶助被压迫者，揭发并剥露那些卑鄙的虫豸们，正是他的任务。这一种信念的力浸透在每一个接近过他的青年的纯朴的胸怀，而我也就是其中的一个。

六　和我们站在一条战线里

环境的黑暗，教育界一部分人的卑污，使得青年们终日遑遑，四处寻找出路，如黑暗茫茫的大海中寻求灯塔一般。这终于使我冒昧的向先生通信请教了（参看《两地书》第一集）。积极的正面着人生，希望将来比现在好一点，韧的战斗，随时用质直的方法对付，凡这一切教诲，不但我一个人用得着，也是所有青年们的金玉良言吧。

遏阻民族觉醒，借外力压迫，假手于正人君子和章士钊们而给青年学子以暴力的镇压，这"黑暗的闸门"，先生独力肩住着。而又一面以文字教育那时的青年，指点应走的路，一面自己加入青年群里，集合群力开会反抗，直至黑暗的血手，制造"三一八"的大屠杀，先生于是愤劳成疾，眠食俱废了。

七　革命的爱在大众

先生病时，据他的同乡说：他房里有两把刀，一把就放在床褥下面。他很孝顺他的母亲，如果他的母亲不在，在这可悲愤的环境里，他可能会自杀。但这毕竟是一种传说，在这一时期里，先生还是积极的奋斗着，他一面当好几个学校的教师，一面在教育部当佥事。如果真是老于世故的人，那时候是早已默默无声了，但先生却公正无私的给予教育当局很多批评，这博得了许多青年的信任，来请教他的，自然多起来了。虽则往常不喜出入教师之门的我，这时也因为校务时常到他家里请教。但每次去时，总见他在寓所里仍然极其忙碌。或者给青年看稿子，或者编副刊，校对书籍，他没有一刻让自己好好休息过。有时，我也从旁学习一二，替他校对什么，或者代抄点《坟》之类的材料。可是他总是不大肯叫人替他做事，一切大小琐碎，都愿意自己动手。就是他嗜好的茶，也不劳人代泡。房间预备好一只痰盂，经常容纳他杯子里的茶滓。他把茶滓倾倒在这里之后，就在书架罐子里取些茶叶，自己再到厨房去倒开水。寂寞的家，孤独凄凉的他，未能禁制心头炽热的烈火，"革命的爱在大众"，我看到先生全心力是寄托在大众身上了。自奉的俭省，衣着食用的简朴，接待客人的坦直，都可看出先生人格的一面。在北京时几乎整天有客人来拜访他。人们总是为了接近他得些正确的指引而来的。而每一个到过他寓所的青年总也觉得欣幸而满足。一次得到指引以后总希望再有同样的幸运,再见一次这样的一位慈蔼博学的指引导师!

八 消极?

在我呢,看他那寂寞如古寺僧人的生活,听他那看透一切黑暗面但以"希望"来安慰后生的议论,总处处在诱发我关于他那同乡所说的悲观自杀的话,在某一天,我顽皮的搜索书架和床褥,果然发现两把刀。或者正确的说:是两把匕首。我实行"缴械"了,先生笑了笑也就完事。他是不肯拿青年做敌人的。在许久的另一机会里,他对我解释说:"刀是防外来不测的,哪里是要自杀。"我把他的同乡的话反问他,先生大笑起来,说:"你真是个傻孩子!"

九　积极！

不过事实的压迫（参看《华盖集》等），章士钊们的代表黑暗的反动势力，正人君子的卑劣诬陷，真使先生痛愤成疾了。不眠不食之外，长时期在纵酒。经医生诊看之后，也开不出好药方，要他先禁烟，禁酒。但细察先生，似乎禁酒还可，禁烟则万万做不到。那时有一位住在他家里的同乡，和我商量一同去劝他，用了整一夜反覆申辩的工夫，总算意思转过来了，答应照医生的话，好好的把病医好。而且对朋友也的确有这表示：在一九二六年六月十七日，给李秉中先生的信就这样说："酒也想喝的，可是不能。因为我近来忽然还想活下去了。为什么呢？说起来或者有些可笑。一、是世上还有几个人希望我活下去。二、是自己还要发点议论，印点关于文学的书。"这就是先生那时真实的心境。

一〇　团体和自我

先生确是时常在各种刊物上发议论的。他除了为《语丝》撰文之外，并编辑《国民新报》副刊及《莽原》杂志。《语丝》是几位文学负有声名的先生们所创办的，先生在那里以泼刺的姿态，领导着一大批青年，走向与恶势力战斗的路上去，先生曾写了一篇《我和〈语丝〉的始终》，已说明了一个大概，这里无须细说。《国民新报》是代表国民党方面一部分人的意见。那时北方对于国民党是很压迫的。先生认为应予合作，就和几位朋友一同负起编副刊的职务了。那《莽原》杂志呢，本来是《莽原》周刊，为了几位爱好文学的青年的文章不能在副刊尽量发表，所以另外成立一个周刊，也附在《京报》上。其后有几位青年愿意负责独立出版，先生就帮助他们，出点翻译和创作之类的书，名曰未名社。在这一时期，先生因为实行推动文化的工作，和许多青年有交往，有时因为青年的经济窘迫，先生也常常借口是应付稿费由自己拿出钱来，解决他们一些生活。但先生自己是并非充裕的。我们知道他，当一九一九年买了北京公用库八道湾的屋之后，到一九二三年就迁出了。为了安慰母亲，也曾向许寿裳、齐宗颐两位先生各借四百元，买下了阜成门内西三条胡同二十一号屋。一九二五年，我们到先生寓所访谒时，他的客厅里只有一张桌子，客人来了，才临时由女仆从卧室里搬两三张凳来。直至一九二六年离北京向厦门之际，始从厦门大学的薪水中陆续筹还那买屋的借款。

一一　不因一人做了贼就疑心一切人

以一个热情认真的人，每易在虚伪、奸诈百出的现实里碰壁。这真费了先生无数不必要费的力气。先生病了，这犹如兵士在战斗中遇着毒气弹，是猝不及防的。不过先生一面战斗，一面还给北新、未名社计划着出书，一面编副刊，给青年看文稿，并不像消极。就我所见的，就有一位作家[1]把他的小说请先生编订，出书之后，销

---

1. 指许钦文。鲁迅为其编小说集《故乡》。

路很好，他立刻成了一位有名作家。于是商人投机心理，向他劝进，不久又把落选的集成一本问世。先生看见了这，摇头叹气说："我的选择很费不少心血，把每一种的代表作都有了，其余那些，实在不能算很成功，应该再修养，不怕删削才会有成就呢！"其实在先生自己，正如告诉人们写作方法中所说的，也是不惜尽量删掉那不大要紧的东西的。其后这一位作家，还出了不少的书。有时也请先生看稿，但是先生总给他搁起来，似乎不敢做第二次的删削了。我记得还有一位作家[1]，先生辛辛苦苦给他选定作品，校字成书之后，那位青年向人说："他把我好的都选掉了，却留下坏的。"以后这位青年有没有把先生选掉的那好的作品出成书，有没有从选掉而出的书获得了更大的声名，我可不大清楚了。还有一位青年[2]，先生也替他选定了一本创作，且逐一的校正了用字。那青年先生一直爱护着他，看重他，且给他介绍稿子和职业，就是在编良友公司出版的那《中国新文学大系》小

---

1. 指高长虹。鲁迅为其编创作集《心的探险》。
2. 指向培良。鲁迅为其编小说集《飘渺的梦》。

说部中也极力夸奖他。而他呢，据说因为先生斥骂了某一位青年[1]，也就像得罪了一切青年似的，使他不满，竟从此和先生绝交了。像这样莫名其妙、去如飘风式的绝交，先生是也无可如何，只好由他去吧！谁知积之日久，"鲁迅爱发脾气"啰，"鲁迅是青年的绊脚石"啰，真像聚蚊成雷，将一切的恶声，都袭向先生而来了。平心而论：先生有分明的是非，一面固爱才若渴，一面也疾恶如仇。在一般人总以常情揆度事理，然先生之所以为先生，岂常情所能概论？先生对于青年，尽有半途分手，或为敌人，或加构陷，但也有始终不二者。而先生有似长江大河，或留或逝，无所容于中，仍以至诚至正之忱，继续接待着一切新来者。或有劝其稍节精力，"不亦可以已乎？"而先生的答复是："我不能因为一个人做了贼，就疑心一切的人！"这是多么坦直的态度。人家总批评他多疑，据我观察所得，由他无故和人闹的总不大有，多是根据许多事实，没有法子容忍，才表示些决绝的态度。他这种不肯随便疑人的心，这从他有感于人家矮墙上所插的

---

1. 指高长虹。

碎玻璃的议论中，可见一斑。他说："这就好比把一切过路人都当强盗看待了，是很不好的。"

一二　青年的吸铁石来了

一九二六年八月，先生往厦门大学任教职。如果不是和段、章之流大斗，致列于几十位被捕者之林，和另外的原因，大约未必会离开北京的。北京已经住了十五年了，可以静下来研究学问，有好图书馆，这是先生时常所怀念的。政治的压迫，个人生活的出发，驱使着他。尤其是没有半年可以支持的生活费，一旦遇到打击，那是很危险的。我们约好：希望在比较清明的情境之下，分头苦干两年，一方面为人，一方面自己也稍可支持，不至于饿着肚皮战斗，减低了锐气。然而厦门大学的实际，并不如先生去时所想象。一般连伙食也时常需要自己动手，在特别优待的借口下，几乎处处被人作弄。对学校设施，先生又深深感到难有所作为。幸而他好像是青年的吸铁石，自他到后，厦门大学研究文艺之风盛行起来了，冷清清的大房间里时常有学生的足迹不断来往。

就在他离校之际，还引起青年的觉悟，改革学校运动于是发生。虽则不久平息，但是跟着他同往广州的青年，也不在少数。其间有一位姓谢的，是湖南人，以前且曾做过教员，人很活动，文学造诣也相当的深。他到广东不久，就离去了，似乎是回到他的故乡去的，但去后信息杳然，他好像是个做社会运动的人物，先生几乎时常记念着他，且疑心他已被黑暗卷去。这真像一个谜。如今，却须我为他祝福了。如果他还在人间，那么，总应该和我们一同肩起这大时代的艰难的工作吧！另有一位厦大来的。那就是人们曾经谈起过的那位"义子"。从厦门到广州，一直追随在先生左右，在旁人看来，怕没有不当他是先生的忠实信徒的。他很能体谅先生的忙碌。除因事或领取学费等来到先生跟前稍坐一刻，其余总是不大向先生吵扰。他真是那么一个洁身自好的青年呢。

一三　故事的开始

记得我们旅居于上海后不久，一天，大雨连天，由旅馆茶役送来了一封信。正是那位学生的，他通知他已经到沪，人地生疏，亟待照料，先生立刻和他的三弟冒着大雨上旅馆去。那是一家用堂皇名字招徕旅客而又颇不名符其实的旅馆。从船上移至旅馆仅有一些简单行李，可是那旅馆除开了一笔行李费之外，又横七竖八的不知开些什么账目，半天工夫要花二十余元的开销。那学生的经济本不宽裕，先生早已晓得。如果在这种类似敲竹杠的地方多停留下来，这一切费用义不容辞将要由先生张罗。为人也是为己，先生就急忙忙把他们接到景云里的寓所来了。

一四　故事的演进

开了门，先生带来了三位远客，其一是从厦门跟到广东，此刻到上海来的学生，另外还有一男一女，很年轻，都像不满二十岁。据说是兄妹。起先似乎听说那兄妹俩家里很有钱，打算来沪读书。后来又听说那妹妹是那青年的爱人，为逃避家里的父母主婚，跟他一同出走。那妹妹的胞兄呢，则看透家里重男轻女的风习，如果女儿单独出走，怕会置之不理，但儿子也一同出走，就一定要设法追寻了。所以兄妹一同出来。这计划很周到，可惜的是一天天过去，没听见家里的表示，反而把先生当作家长了，供给膳宿，津贴零用，一切由先生负担。先生住在楼上，楼下就让给他们住。每逢步下扶梯，则书声琅琅，不绝于耳。但稍一走远，则又戛然中止。久而久之，先生才悟到这书声是读给他听的，后来就怕敢出入了。继之他们又要求读书，要先生供给这三个人的学费。先生说："我赋闲在家，给书店做点杂务，哪能有这大力量呢？"这是实在情形。先生离京时就欠上一身的债，好容易把厦门大学的薪水给偿还。从厦门到广州又带了一批学生，旅费之类，也借用不少。在广州做了不到半年的工，就又失业了。原先我们预备做两年工的计划，既限于事实所迫，只得中途放弃。及至沪上，一切生活，俱未入于轨道，平添三个人的生活，已非先生力所能支了，哪还说得到供给学费。后来那学生把他的文章送来，请先生介绍发表。但文章太过幼稚，实在不能送出去，没能满足他的心愿。又请托找事，但有什么事情好设法呢？先生也是失业住在家里，又不认识达官阔人，富商大贾，平时来往的，都没有这力量，就是认识三两家书店，偶然介绍点稿子,也往往要自己也有稿子陪去,才能成功,说不到找事情了。于万不得已的情形下,先生跟某书店说定,让他去做个练习生,再由先生每月拿出三十元,托书店转一转手给他,算是薪水。先生满以为如此则对书店也不为难,对这青年也可以得一学习机会。总以为这一份苦心,他是能够接受的,谁知通知他以后,他竟说:"我不去。"是嫌薪水少,还是嫌工作低微呢?我们不晓得。但他怕还不知道这是特别设法,才能如此通融办理,在上海是学徒三年义务期满出师,也不过数元一月呢。

一五　送往迎来

那时创造社诸君子正在围剿先生,先生也正在应战。一天,那学生突然来对先生说:"他们因为我住在你这里,就把我都看不起了。"这叫先生怎么办法,他们能够不住在这里,能够有法子生活,先生又何必苦苦的挽留呢,真个是"实逼处此"。

后来那女孩子的哥哥要回乡了,理由是家里既不寄款来,且回去筹措,坚定的非走不可。但要走,先须有旅费，这责任又落在先生身上了。可是那位"哥哥"走不多时，又有远客来了，这回是那学生的哥哥。出身是木匠，来找事做。先生纵使交游广阔，接待这一类远客，怕还是初次。这如何动手？但既来了，第一是食住总得给他安排。楼下已经住了那学生和他的爱人，没法再搭床位，只好为他另在附近租间房子。饭食呢，自然不再为他另开"火仓"，顺便在家里腾出一份，托他送去。这总该可以了的罢，可是结果还是不成。拿饭篮不体面！仿佛还须先生亲自送去似的，没有法子，又要托人代劳了。这样繁琐的人事纠缠，使得先生困恼万分。好容易托建人先生辗转请托，总算给那木匠哥哥找到了事，以为总可以吐一口气，解决了吧，结果又不成，不欢喜去。那么再住下去。住下去，厌倦了，木匠哥哥要回乡了，再由先生来筹旅费。

一六　原来是"儿子"

这回剩下学生和他的爱人了，已经来了好几个月，他的爱人已能和别人稍微谈几句普通话，才从她的口中得知：那青年学生原来是来给先生做"儿子"的，她呢，不消说是媳妇儿了。他们满以为来享福，哪里知道会这样。而先生竟一点也不晓得这个中原委，没好好地招待这现成的家族，弄得"怨气腾腾"，"烦言啧啧"，从这看来，先生真也太不会做人了。

在看透了对先生已无可希望，不能享福之后，"儿子"告辞要回去了。一天的晚上，他来同先生磋商：要两个人回去的旅费。先生想：这里到汕头，转到×县，至多一百元就足够了罢，然而不成。他说："我们是卖了田地出来的，现在回去，要生活，还得买田地，你得给我××元。"这个数目，先生实在做不到的，还是忍住气和他磋商罢。"我没有这许多钱，而且，你想想看，我负了债筹钱给你买田地，这可说得过去？"他可也回答得干脆："错是不错，不过你总比我好想法，筹借的地方也比我多，你一定得给我筹××款子才可以。"说来说去，他还坚持这数目，自然咯，他是来做儿子的，儿子同老子要钱，律以"为儿孙做牛马"的义务，先生是无论如何不应拒却的。可惜先生不知道这就是儿子！而且先生实际的困迫他哪能了解？老实说，自他们来后，起居服用，再加以送往迎来，整批整批的路费筹措，已经觉得非常吃力了。但先生从来脾气是有苦自家知，一声不响的，而人们却以为他已成富翁，如果这虚名也可以卖钱，或者先生会是富翁罢，然而卖虚名的就不是先生，所以到头来往往弄成不谅解，不欢而散。那"儿子"终于也不满所欲气匆匆的走了。几年以后，"儿子"突然从广州来了封信。大意说："原来你还没有倒掉，那么，再来帮助我吧。"这使我们猛然的想到，当初他的回去，怕为的是避免被牵连了倒掉吧。

谁说先生老于"世故"，我只觉得他是"其愚不可及"。世界上竟有这样的呆子吗？可是这呆气，先生却十分珍贵着。他总是说："我不能因为一个人做了贼，就疑心一切的人！"

一七　另一个学生

从厦门来的另一个学生——我就在这里称他是 A[1]

---

1. 指王方仁。

吧——来见先生了。他说:"上海学校没有好的,打算自己研究,读点书,不在乎文凭,愿意在先生旁边住,家里也可以放心,否则我父亲不会允许的。"于是就住在附近了。另外陆续来了他的朋友——柔石——和又一位也是厦门来的学生——我就称他为B[1]——他们三个人住一幢房子,早晚搭饭同吃。时常见面,谈起文化界的寂寞,出版界的欠充实,A就提议大家来出点书,他说,他哥哥开教育用品之类的店,可以赊点纸,或者还可向拍卖行买些便宜货,用不着大本钱。而且他哥哥的店,也可以代卖书籍,省得另开门面,有批发的,他也可以代收账,很靠得住。大家同意了,用朝花社名义出了种周刊,印些近代木刻画选,也出些近代小说集,颇有点基础了。选木刻,制图,选材料等,离不了先生的苦心经营。而跑腿往来于印刷局等苦差使,则往往落到柔石身上。资本是A、B、柔石、先生四人出的,但因经费不足(每人数百元),又不便叫学生们多负担,于是把我也算作一股。其中最失败的是《近代木刻选集》之类的木

---

1. 指崔真吾。

刻印本。纸张是 A 经手的，从他哥哥的店里或拍卖而来，各种纸都有，很多是粗糙的，不宜于印图。而且油墨也恶劣，往往把细的线条遮抹掉，有时墨太浓，反映出闪光，很不好看，然而还有读者。书和刊物，渐渐被人注意了，那时的 A 似乎别有所忙，时常往来于上海、宁波之间，有时亟待他接洽什么，总老等他不来，责任几乎全落到柔石一个人身上。他很愿尽力，无奈那位 A 的哥哥店里的关系，柔石去接洽总弄不恰当，结果诸多棘手。卖出去的书，据说一个钱也收不回，几次的添本钱，柔石甚至一面跑印刷所，一面赶译书卖钱去充股本，有时真太来不及了，先生就转借些给他。总计起来，大约先生和我及借给柔石的，至少占股本之半。这时 A 对于译书事忽然不热心了，颇有十问九不理的样子。在某天，他宣布不能继续了，他哥哥的店不肯再代设法，书也多卖不出去，后来就把剩下的书由柔石托别的书店去卖，款不但收不到，还要每人筹款填亏空。先生担负了巨额的损失之后，得到朝花社遗留下来的黄色包书纸一束，从此关门大吉。先生想替青年们打下一个文学园地的基础，终成泡影，而先生也在这整整的一年中费去不少精力了。

一八 同情者

和朝花社差不多同时，还有一个××书局[1]，主持的是C君[2]。记得他头一次来见的时候，说明他的姊姊是在北平做社会活动遇害的，家里很困难，想印些书，请先生帮忙。为正义，为文化指导，为同情心驱使，于是先生又有所忙了，义务的写稿，经常给刊物帮忙。C君人很精明。有一回大感叹于经费困难，不易支持之后，由他负责，向先生筹借了五百元，仍然未能打开僵局，又关门了。随后C君离开了上海，这书店的股东是谁，没有一个人能够知道。

一九 忠厚待人

对于某某书店[3]，先生和它的历史关系最为深厚。先

---

1. 指春潮书局。
2. 指张友松。
3. 指北新书局。

生为它尽力，为它打定了良好基础，总不想使它受到损害。创办者原也是个青年[1]，赖几位朋友之助，才打出这天下来。其时做新文化事业的真可说凤毛麟角，而出版的书，又很受读者欢迎，像这样有历史基础的书店，先生不愿意随便给它打击。在别人看来，先生对它仿佛有点偏私。记得在厦门、广州时，曾有另一书店托人和先生磋商，许以优待条件，要先生把在某某书店发行的全部著作移出，交给那家书店出版，先生也未为所动。其后到沪，复为它编辑两种刊物[2]，替它另一刊物[3]长期译稿。先生所编的刊物，一种是同人性质的，没有稿费，一切是尽义务。另一种由先生编校，每月不过由我们拿回少数校对费，其实大半还是尽义务的。其间征稿、还稿、写回信、校稿等，先生全部精神几乎用在这里了。又初到沪上，正人事纷繁，先生且病（到沪大病一场）且工作，无时或息，并无对书店有疏懒之意。且正在围剿中，许多人以为他就要没落了，聪明的人，都远远的离开。又

---

1. 指李小峰。
2. 指《语丝》《奔流》。
3. 指《北新》半月刊。

兼那时出教科书的风气甚盛，谁个书店不想赚钱？风帆一转，文学书就置之脑后了，先生以为这是大大的失着。如果它坚持早先立场，倒是一个为文化服务最纯洁令人敬佩的书店。然所以转帆之故，又归因于在沪之扩大组织，变店铺为家庭，外间给以批评为"糊涂"。然"糊涂"者，不精明之反也，水清则无鱼，太精明的店，也同样难以合作。先生所以时常说："某某书店乱七八糟，真气人，许多人固然受了他糊涂之累，可是他也时常糊里糊涂的吃人家的亏（如几次封门）。比起精明的来，不无可爱之处。"的确，先生仍不无有些偏爱，或甚至溺爱的，每当他封门受压迫时，先生从不肯在这时期去索一回版税。然而他自己呢，每越遇压迫袭来，则收入之路越穷。糊涂者，自然也有精明之处，亡命之徒，还能出头露面向法庭控诉吗？那是不足为虑的。

先生往常总不断指导我，说我太率直，不懂事。甚至有时发恼，质问我一个人将怎样生活？固然，在他庇护之下，我是暖室中之小草，丝毫受不到风吹雪暴。可是我一个人在北方读书时，自己也生活了十年之久，不是还好好的活下去吗？有时我因此不禁偷笑！至于他，到处陪小心扶助别人,也难免吃力不讨好,会招徕莫名其妙的怨怼,或无故的绝交,这在先生,又将何以自解呢?

二〇 编者态度

先生每编一种刊物,即留心发见投稿者中间可造之材,不惜奖掖备至,稍可录用,无不从宽。其后投稿较多,或觉少进境,也许会受到严厉的批评,以致为人不满。但这怕就是和青年来往难得持久之故吧。先生初到沪时编《奔流》《语丝》。投来的稿子,真是缤纷万状:有写了一次即不愿复看一遍,叫先生细改的;有翻译而错误很多,不能登载,致招怨尤的;有一稿油印多份,分投各刊物的;有字甚小,模糊难辨的;自然还有不少稍加修改,即可采用的。这些,如果是那原文先生能自己对照的,多给改正。其为从英文译来,遇有疑难,亦必多方向人打听,修改妥善。或长短诗,音韵、体裁、结构、思想俱优,则必多方设法登载,凡是先生手编刊物,读者怕很少不满意的吧。

二一 "鲁迅派"

这时有人[1]从东京寄稿来,且时和先生通信,先生也照例复信、看稿。信与稿一多,即成立友谊。有时蝇头小字,连篇累牍的写着信,费去先生大半天工夫。可惜这些信现时我没有借到一封。我知道在那些信中可算是知无不谈,谈无不尽,天下治乱,个人生活,都历述无遗了。有时信中飞来一张当票,先生也会亲自带往北平替他取赎,再小心翼翼的给送到他的家里。孙伏园先生说过:先生给他再四打铺盖,比之于耶稣为门徒洗脚。其实不但对门徒,对未见过面的朋友,先生也一样必忠至敬的尽力服务的。后来这位朋友回到中国来了,希望先生为他向北平教育界谋点事做,这在先生当然愿意尽力的。于是写介绍信以外,并亲自面恳。事情颇有眉目了,突然,一个风声传来,说他是鲁迅派,不能容他插足。鲁迅居然有"派",放这风声的北平教界中的某权威,实

---

1. 指韩侍桁。

在是最懂得鲁迅精神的。

自然这位东京朋友的饭碗是立刻打破了。他转来上海，从此和先生过往甚密。不幸先生因加入"自由大同盟""左联"等而遭遇了严重的压迫。那位东京朋友，虽然也是其中的一分子，但拂去衣上的尘沙，依然是翩翩年少，将"危险"的责任一推到别人的身上，自己也就从"为鲁迅带坏的圈中"爬了出去，飞黄腾达起来了。这是好的。先生也从不愿因自己之故而连累别人呢！

二二　谜

还有一位思想家兼诗人的[1]，时常在刊物中出现，也时常到寓所来请教翻译的文字，谈得投机了，也就一同吃饭。他曾为了爱人的病需要物质援助而又不要给爱人知道。先生满足了这希望，且恪守了约言。忽然，有一天他的另一位至友[2]来向先生借款，且举前事为例。其

---

1. 指杨骚。其爱人为白薇。
2. 指林语堂之侄林惠元。

时先生正因迫压,预备出走避难,困于经济,苦无以应。这使这位"诗人的至友"不免怨言,而诗人从此也绝迹不至了。而后来几经碰面,也不招呼,这可见绝交的决绝了。

传说,早先拳师,授术弟子,必留一套自用,以免自己被弟子袭击。诗人自和先生交往已久,仿佛颇偷了些先生的拳经,决绝以后,他竟应用起来,朝向先生脸上打来。例如先生早预备翻译一本什么书[1],被他晓得,他就赶速译出付印,以为如此可断先生生路。但先生看这种做法,不免有些好笑,仍照预定译出。先生本常说过:"中国之大,一种书有三四个译本也不要紧。要紧的是译得要忠实,不欺骗读者。"所以那诗人虽然对先生用了拳经,但终究经不起读者眼睛的鉴别。没落与兴起,是决难侥幸的。自从先生死后,那诗人忽然又在追悼文中备致哀忱,忘交谊于生日,洒清泪于死后,人间何世,我实在不能理解这矛盾的现象。

---

1. 指《十月》,苏联雅科列夫著。

二三　通缉来源的滑稽

先生是负了密令通缉的罪名，带到坟墓里去的。说来自然滑稽，但也痛心。首先呈请通缉的，是××省党部[1]。而主其事者则为×××[2]。先生是生长在那一省份的，这一来，则是他自己的故乡最先把他斥逐了。为了这一纸文书，使先生从此自弃于故乡，也使故乡负斥逐先生之恶名。先生何罪？曰："通缉堕落文人鲁迅。""堕落"而已。堕落有罪，则市井之徒皆得而诛。堕落文人而有罪，则文网之禁过苛。至于先生是否为堕落文人，稍有常识者，怕只有嗤之以鼻吧！此其所以为滑稽也。

但这事不是没有缘故的，正和先生编刊物有关，当先生初到上海主编《语丝》的时候，有署名×××[3]的一位青年，投文指责他们学校[4]的黑幕，意在促使反省。

---

1. 指国民党浙江省党部。
2. 指许绍棣。
3. 指徐诗荃（梵澄）。
4. 指复旦大学。

凡有志于改革的，先生总尽力援助，所以把它刊登在《语丝》上了。这一反响真不算小，原来某校毕业生，革命以后多成显贵，×××就是其中之一。挟私嫌于心，诛天下人以称快，本是"老爷们"的拿手好戏，何况一个鲁迅。"自由大同盟"的事一起，借故追因，呈请通缉，通缉而又批准，那是非常自然的了。先生遭此厄运，气愤填胸，发为文辞，自亦激越。然被压迫者的呼声，正是国家民族的心声，先生岂徒为一己的私愤？

二四　意见相左

这位不识的投稿青年，嗣后也时送稿来，先生或见或不见，随后终于到德国留学了。他天赋极高，旧学甚博，能作古诗、短评，能翻译，钦慕尼采，颇效其风度。留学时，常和先生通信，请益人事得失。先生也常托他买木刻书籍。同时也搜罗些中国画本寄去，托他转送德国朋友。兴之所至，这位青年仿佛也学起木刻来了。然而结果似无所成。回国以后，他带来些大书箱，寄存在我们寓所里。他有一次，为找积木送给海婴，偶然开箱则先生托他转给德国朋友的中国画本，赫然尚存行箧。据说，那些画太好了，不忍送出去；不怕携带困难，终于给带回来了。而先生特意到书坊寻选，辛苦寄出，冀于彼邦人士有足观摩，此意遂归虚耗。先生于叹息之余，终不明白那青年用意所在。

他在上海行踪甚秘，住处也无人知道。时或一来寓所，但有事时总是我们没有法去寻的。也因为这样的青年朋友不少，所以并不怪异。那时，《申报·自由谈》已加改革，由黎烈文先生担任编辑，先生时常为它写些短稿。他也时常寄稿给先生，托先生介绍。有时就给送到《自由谈》去。但条件很奇特：不能将原稿寄出发表。据问他什么缘故，却说他仿佛觉得处处有人在监视他，稍一不慎，即有丧身之虞。这么一来，先生只好设法给他抄录副稿寄去。起头先生是嘱我抄的，抄好之后，先生附一函寄给编者，有云："有一友人，无派而不属于任何翼，能作短评，颇似尼采，今为绍介三则，倘能用，当能续作，但必仍由我转也。"（一九三四，一月二十四夜，给黎烈文先生信。）后来这位青年研究佛理起来，每见先生，也多道及。先生初亦淡然置之。其后因为他对先生颇有所讽劝,以为先生如能参禅悟道,即可少争闲气,于是意见渐渐相左了。先生岂不知佛经,但他并不愿出家。在最危难的国度里,以佛学麻醉自己的灵魂,希图置身世外,痛痒不关,这岂先生所能忍?不但出家,即出国也未被先生所许,他不能恝置这古老的祖国,他要同被压迫的同胞一同生活,一同奋斗。那位青年虽未必逃禅,但已经参禅了,而且先生观察他既久,知之更谂,颇觉其无一当意,而自处复老气横秋,殊少青年凌厉之态。先生觉得这样的人,是未可亲近了。来时也常婉辞不见。但仍一面替他介绍文章。一九三四年三月四日夜,给黎烈文先生信云:"'此公'稿二篇呈上,颇有佛气,但《自由谈》本不拘一格,或无妨乎?"可是我们自己工作有时很忙,如果我没有工夫,那么先生也得替他抄好寄去。但这对他还是不满意。有一次,他竟要求每篇换一个抄写者。我们是躲起来,不大交际的,哪里来这许多抄写者。这命令实在难于办到,而且连我也未必有工夫专门为他抄写文章。先生很懂得人情,偶然叫我做些事,也斟酌情形才开口。见到我忙了,他也会来帮我一手,所以他自己更不大肯差遣人。如今我们都要腾出工夫来做抄写工作，而且做了还不合意，这有什么法子呢？先生的精神就是这样多方面被磨掉的。后来他的稿子越来越多，让它积压太久又不大好，没有法子，请《自由谈》编者设法了："'此公'脾气颇不平常，不许我以原稿径寄，其实又有什么关系，而今则需人抄录，既费力，又费时，忙时殊以为苦。不知馆中有人抄写否？倘有，则以抄本付排，而以原稿还我，我又可以还'此公'。此后即不必我抄，但以原稿寄出，稍可省事矣。如何？便中希示及。"

二五　为社会造材

那么先生为什么这样不辞劳苦，愿为他"抄录"呢？这因为凡有可造之材，不忍其埋没；且其人颇深世故，能言人所未言；孑然介立，还不失其纯洁。若或稍加移易，积极为人，即社会的栋梁，故不惜辛勤设法，并非特有所私。但因其文时多不平之语，或间略带讽刺，人又疑是先生所执笔。在同年四月间，先生有给《自由谈》黎烈文先生函云："'此公'盖甚雄于文，今日送来短评十篇，今先寄二分之一，余当续寄；但颇善虑，必欲我索回原稿，故希先生于排印后,陆续见还,俾我得以交代为幸。""其实,'此公'文体,与我殊不同,思想亦不一致,而杨公[1],又疑是拙作,闻在《时事新报》(?)上讲冷话,自以为善嗅,而又不确,此其所以为叭儿狗欤。"文章发表愈多,研究好奇的也多,如果真是先生一个人,诚然"思想亦不一致"。但先生并不做统制思想的工作,自己尽管有所不同,而他人另有所见,也未便埋没,故仍予介绍文稿。此种苦衷,就是作者恐怕也甚不了解的吧。编辑者也终于弄不明白,好像还来打听,先生回信告诉:"'此公'是先生之同乡,年未'而立',看文章,虽若世故颇深,实则多从书本或推想而得,于实际上之各种困难,亲历者不多。对于投稿之偶有删改,已曾加以解释,想不至有所误解也。"

二六 最后一面

文稿尽在为他介绍,但他来访的次数渐渐减少了,

---

1. 鲁迅信作杨公邨人。

因为先生不大和他多所谈论。即有所谈，也觉到微妙的相左。如此陪客，确也很苦。况且后来先生身体多病，又没有许多时候接见。这时我的处境就很为难，客来总得先由我招待，接见与否，则秉承先生之意。如果不打算见，我是很难为之说辞的，因为我晓得他的脾气，强见会不欢而散。最后一次，"此公"来了，我告以先生病不见客，他一句不说就走了。一刹那买一束鲜花直冲到楼上，令我来不及拦阻，他终于进来了。先生似理不理地躺在藤躺椅上，这时我真无地自容，对先生，对来客，没有能够打开这僵局。谁知这又是最后一次的相见呢。他敬爱先生，先生是晓得的。见面时无话可谈，原是思想的距离太远。先生于他，已力穷无可解劝，这是先生方面的苦处。这苦处，明知说了出来未必有效，就只好哑默无声，绝不敷衍。这是先生的坦率。然如真能了解先生，豁然贯通，无所执迷，则先生亦必能和他友好如故。先生死后，停在殡仪馆的小房间里的大清早，我遇到他，他悲怆万分。他告诉我先生给他的许多信，可以集成厚厚的一本，希望将来能够印出来。现在，这位青年的友人，也不知走到哪里去了。他保存着的书信，不知有没有遗失在烽火之中。我们祷祝他的前途!并希望他善体先生通信中的拳拳至意。

二七　相当限度

先生无论对任何人,绝不出难题目给他做。他清楚某方面的长处,同时也明白某部分的短处。譬如某某社[1],先生和青年一同努力,一同计划出书,甚至有时设法代筹印刷费,诚或有之。然彼此之间,仍保存相当限度,不能以此而叫先生强人所难也。某某社的成立,主持的几位,大都是同乡而又同学,他们友谊甚深,其中只有一位是不同省份的。先生在那社里,也是异省人,他们当然没有话说,但不能因先生而对一切人随便,这是某某社一向脾气,先生是了解的。所以那时另外有几个人要求先生对某某社如何如何,先生也不能做左右袒,只好听其自然。结果另一部分青年不满,向先生进攻了。

---

1. 指未名社。

二八　原稿

某某社之认真不苟,每个人多洁身自好(除却有一个做官的不算),这一切是先生所信服的。至于虽勤谨而气魄甚小,不能有大作为,则为先生所惜。他们的认真,举一例便可知道。先生平常原稿寄出,即多不过问底稿之如何保存。此次先生逝世,该社李君[1]把他积存的《小约翰》《朝花夕拾》等六七种原稿,毫不污损的装订起来见赠。我们想想,这三数位青年,一面在求学,一面在做译著、校对、出书等繁忙工作,仍留心保存先生手迹,一点一滴的抄出副稿付印。以视别人,把先生原稿随便丢弃,终于落到包油条的境遇,对于一代文化宗匠之敬爱与歧视,在这里可以窥测了。自然,我们不能希望人人把先生当孔夫子一样的敬重,他也一样的拿稿费换米饭,书店对于作家的平等待遇,本不足怪。可是某某社的苦心,则更是难能可感了。

---

1. 指李霁野。

二九　一位朋友

和某某社保持相当友谊，曾在北平旁听过先生讲书的青年F[1]，后来在闸北和先生住在同里，而对门即见，每天夜饭后，他在晒台一看，如果先生处没有客人，他就过来谈天。他为人颇硬气，主见甚深，很活动，也很用功，研究社会科学，时向先生质疑问难，甚为相得。后来在"左联"等处，他也时露头角。对先生感情很好，但对解决社会进步的热忱更深。自奉很刻苦，早晚奔走，辄不辞劳。曾有一时住在我们比邻，他大约每天下午十时才能回家，时常见他的太太手抱小孩在门外伫候，饿久了，小孩手拿干面包充饥。他不管家里人的心焦，非到相当时间不回，回来饭后已十一时了。蔽门声响，他来了。一来就忙得很，《萌芽》《十字街头》《前哨》等刊物的封面、内容，……固然要和先生商讨，要先生帮忙。甚至题目也常是他出好指定，非做不可的。有时接受了，

---

1. 指冯雪峰。

有时则加以拒绝。走出了,往往在晨二三时。然后先生再打起精神,做预约好的工作,直到东方发亮,还不能休息。这工作多超过先生个人能力以上,接近的人进忠告了。先生说:"有什么法子呢?人手又少,无可推诿。至于他,人很质直,是浙东人的老脾气,没有法子。他对我的态度,站在政治立场上,他是对的。"先生是这样谦虚,接待一个赋有正义感的青年。这青年有过多的热血,有勇猛的锐气,几乎样样事都想来一下,行不通了,立刻改变,重新再做,从来好像没见他灰心过。有时听听他们谈话,觉得真有趣。F说:"先生,你可以这样这样的做。"先生说:"不行,这样我办不到。"F又说:"先生,你可以做那样。"先生说:"似乎也不大好。"F说:"先生,你就试试看吧。"先生说:"姑且试试也可以。"于是韧的比赛,F目的达到了。对庄严工作努力的人们,为了整个未来的光明,连自己的生命也置之度外的,先生除了尽其力所能及之外,还有什么需要坚持?这时候见到的先生,在青年跟前,不是以导师出现,正像一位很要好,意气极相投的挚友一般。

三〇 爱护战友

××先生[1]从东洋回来了，添一支生力军，多么可喜呢！那时候，压迫并不稍宽，××先生当即被注意了。先生和他以前在某文学团体里[2]本有友情，这回手挽手的做民族解放运动工作，在艰难环境之下，是极可珍视的。先生也常留心自己的奄忽，留心继起的有人，所以凡具殷望的，无不竭诚拥护，不遗余力。有时遇有国外友人，询及中国知识界的前驱，先生必举××先生、××青年等以告，总不肯自专自是，且时常挂念及××先生的身体太弱，还不及他自己。如今先生不幸逝去二周年了，希望××先生为国珍摄，努力前途。或对××先生颇有异议时，先生辄不惜唇焦舌敝，再三晓说："对外对内，急需人才，正宜互相爱护，不可减轻实力，为识者笑而仇者快。"现在则团结益坚，先生当可瞑目了。

---

1. 指茅盾。
2. 指文学研究会。

三一　倡导木刻

木刻之在中国流行，不能不归于先生的号召，其始朝花社出《木刻选集》五册，使社会一新耳目，《奔流》等刊物亦时予介绍，一时风起云涌，几乎每种刊物，非有木刻不显进步了。先生又举行过几次木刻展览会，开办过夏期木刻讲演会，一时人才辈出，大有可观。其最露头角的，如罗清桢、陈铁耕、李桦、陈烟桥（即李雾城）、赖少其、张慧等先生，俱能自成一格，前途无量。可惜人体构图，多欠正确，为美中不足，是则先生所时常道及并惋惜的。而比较成功的木刻家，以及习木刻者的籍贯，多为粤人，先生常以为异。我以为民风之故。粤民得一风气，即往迎头赶上，故革命者亦多粤人，先生似颇首肯。

先生对于美术向极留心，在北平时，常见他案上放有不少外国美术书，供随便翻阅。一问起他总说："那是消遣的时候看看的。"他是怎样利用每一刻的光阴！就是从消闲中也得教育之益，无怪他和木刻朋友通信时，观察之精确，句句说出来都是内行话。如一九三四年写给张慧先生的信云："蒙赐函及木刻，甚感。拜观各幅，部分尽有佳处，但以全体而言，却均不免有未能一律者。如《乞丐》，树及狗皆与全图不相称，且又不见道路，以致难云完全。弟非画家，不敢妄说，惟以意度之，木刻当亦与绘画无异，基本仍在素描，且画面必须统一也。"先生的率直批评，博得青年们的正义拥护，投函寄木刻请批评的，大有应接不暇之势。张先生再寄木刻来，先生又报之书云："顷收到十八日信并木刻三幅，甚感谢。上月二十八日的信，也收到的。先生知道我并非美术批评家，所以要我一一指出好坏来，我实在没有这本领。闻广州新近有一个木刻家团体，大家互相切磋，先生何不和他们研究研究呢？""就大体而论，中国的木刻家，大抵有两个共通的缺点：一，人物总刻不好，常常错；二，是避重就轻，如先生所作的《船夫》，我就见了类似的作法好几张，因为只见人，不见船，构图比较的容易，而单刻一点屋顶、屋脊，其实是也有这倾向的。先生先前的作品上，还有颓废色彩，和所作的诗一致，但这回却没有。"同年给木刻家李雾城先生函云："三日的信并木刻一幅，今天收到了。这一幅构图很稳妥，浪费的刀也几乎没有。但我觉得烟囱太多了一点，平常的工厂恐怕没有这许多；又《汽笛响了》，那是开工的时候，为什么烟囱上没有烟呢？又，刻劳动者而头小臂粗，务须十分留心，勿使看者有'畸形'之感，一有，便成为讽刺他只有暴力而无知识了。但这一幅里还不至此，现在不过偶然想起，顺便说说而已。"这观察多么周到、深刻。像这样的通讯，每个木刻家寄赠作品来时，先生都一样的给以正确的批评的。而木刻青年对先生爱护之诚，并不因交往深浅而异，在他们沉痛的哀感，在他们踊跃的每人都极力把保存的遗札寄来之充分，我是多么感动到震抖。我想：最好能够把先生每封批评木刻的信，插以原图，刊印出来，不是很好的木刻示范吗？曾经把这意思贡献给某书局，大约制图费过巨罢，没有成功。但是我总以为值得一做的，我时常想念到这样做或者不是没有意义的。鲁迅先生说："希望在将来！"木刻是有将来的前途的。

三二　先生与出版界

先生对文学有爱好的，帮助他们出些书，有关系的书店真不少。从北新、未名社、朝花社、春潮书局、大江书店以至《译文》《作家》《中流》《海燕》《奴隶丛书》等，到如今，虽然北新仍健在，而从事文学运动之锐气已消，其余则又先后消灭，真令人有风流云散之感。尤以未名社一向对出版业是那么认真，精选，卓有信用，乃忽停顿，为先生所可惜不置。又因同情被压迫者之故，先生不惜助之者，如联华书局。主持人某君[1]本为某书局[2]职员，多年做工，月入不过数金，要求先生给他一二本书出版，以济困急。乃以《南腔北调集》《准风月谈》等与之。又陆续以瞿秋白（用乐雯笔名）编校的《萧伯纳在上海》，和他（用易嘉笔名）译的《解放了的董·吉诃德》及曹靖华译的《不走正路的安德伦》

---

1. 指费慎祥。
2. 指北新书局。

等与之；有时且为之垫付排工等费。因其困迫，不但先生自己不肯开口讨版税（只在后来病时及先生死后陆续收些版税），就是替朋友介绍的也是约在半年前曹先生才收到版税二十元。先生宁可自己过刻苦生活，而从井救人，绝口不肯言穷，愈是困难，愈是如此。而人们还有计划地造他的谣，说他逃难时也把账目带走。其实就算有账目罢！资本家的账目，还不是他自己有数？而先生的朋友，也从来不因先生介绍出书收不到版税，过问一下，这种相知，相信，相互了解，是超物质的。

三三　误解

先生不但帮朋友出书，也帮朋友的儿子送入医院医病。有一位南京同学，后来在教育部同事的张君[1]，他的儿子患病，好几个医院都说严重，找到先生，他立刻托朋友介绍入一医院，自己时常去探病，替他们付出千多元的医药费。出院之后，又替他们请全院的医生吃饭，

---

1. 指张邦华。

表示谢意。他的慷慨,真叫人奇怪。有时人们以平常上海洋场心理推测先生:以为先生能那样替人花钱,一定是个富翁了。谁知先生却用钱之所要用,什么留底都不存了。还有一位老朋友,是老革命党,留学时的老同学[1],他们在上海相见了。先生不会对一切朋友隐藏什么,这位老友自然也晓得先生肯随便拿钱给人。有一天,这位老友来了,向先生借支五百元,说明不久就还。先生以忠厚待人,决不疑心有他,立刻向别人转借给他。因为是老友,相互之间,自然相信得过,别人也相信他们,把千余元的存折,连图章托他去取五百。谁知这一来真是天晓得!变了"黄鹤"了。他写信去催,图章寄回来了,折子已被干没,……从此一概不理。后来从另外的朋友处听到,那位老友在说:"人家说他收卢布,恐怕是真的罢!"卢布,是共产党的,人人可得而用之,无怪这位老友,敢于这么做了。然而这是他亲眼看见先生从别人那里借来的。造谣者的心理,却原来为自己的丑行找遮盖,此外还有什么!先生死了,那"债主"也曾写信去

---

1. 指陈子英。

讨，他可连信也不回，尽管在乡下做他体面的绅士！以儿子的缘故，接收到继承的遗产十几万的封翁，对朋友是这样的。先生的血绞出来的金钱，如果用在这样的人的身上，那真是有点冤枉了。

三四　为社会服务

不管先生如何以物质济人之困，而被接济的还说这东西来路不清，这是很使他痛心的。在他的著作里也曾说过，用了妓女卖身的钱，还骂妓女卑污……先生指的就是这批人。至于先生以精神帮助青年，那更不必说了，逐字逐页的批改文稿，逐字逐句的校勘译稿，几乎费去先生半生工夫。大病稍愈的时候，许多函稿送来了，说："听说你的病好些了，该可以替我看些稿，介绍出去了罢？"有时寄来的稿字是那么小，复写的铅笔字是那么模糊，先生就夹心衬一张硬白纸，一看三叹，终于也给整本看完了。在他的遗物中，有人[1]拿初版的书请先生

---

1. 指王志之。鲁迅校订其小说集《落花集》。

修改，先生不知什么时候已经给改好了。死后我遇到作者，告诉他："先生给你的书改好了。"他说："让他去罢，我不打算印了。"他的悼文是那么沉痛，一见到遗容就那么号啕大哭，而先生千辛万苦给改过的书，曾不值一顾，我一想到先生一点点磨去的生命，真是欲哭无泪！然而这是少数人，这是我的小。以先生伟大的人格，数十年所遇的朋友，生前死后，了解他的几乎无间敌友。先生的工作，求其尽心，而从不想到对方的态度。他认为他的工作不是对个人是为社会服务。辛勤的农夫，会因为孺子弃饭满地而不耕作的吗？先生就是这样的。

三五　好好的替中国做点事

人们的判断力是正确的，对先生的爱护就是一个明证。殡葬之际，无间亲疏老幼，同声悲哭，这就是先生苦难一生的判词。当苏联木刻开展览会于八仙桥青年会时，先生莅临了。一切的观众，一切的眼光，随着先生亦步亦趋，有拿展览目录请先生题字的，先生就把带在手边的《引玉集》签了字给他们了。这时候先生多么兴奋，多么感慨。他时常说："我要好好的替中国做点事，才对得起你。"他真是为我吗？一切如我的青年，如我一样殷注先生的青年，先生知道应该怎样感动，怎样益加奋发。太感奋了，我心伤痛。我说："门徒害夫子。"先生谦虚，不肯承认这话。

三六　多几个呆子

先生爱一切人，爱一切有专长之人，就是肯印书的人[1]，他也极力夸奖鼓励，他说："他是老实的，还肯印书。"又说："在唯利是图的社会里，多几个呆子是好的。"先生自己亦明知是呆子而时常做去。他说："青年多几个像我一样做的，中国就好得多，不是这样了。"自他死后，继他这样做去的仿佛已大有其人，先生如果还健在，一定很安慰的罢。

（一九三八年十月《文艺阵地》第二卷第一期）

---

1. 指郑振铎。

后记

右一章系记先师鲁迅先生日常生活的一面，其间关于治学之经略，接世之方法，或未涉及。将来如有机会，当能有所续记。

附录二则，一为先生昔年海外窗友许寿裳先生为文，备详年谱，可为资考，系当面征得同意者。一为鲁迅夫人景宋先生之文，间以稍长，勉加省略，则系函中征得同意者。今仅一并附录如上，特此敬布谢忱。

一九三九年十月廿六日记于重庆

萧红关于鲁迅作品辑

海外的悲悼[1]

军：

关于周先生的死，二十一日的报上，我就渺渺茫茫知道一点，但我不相信自己是对的，我跑去问了那唯一的熟人，她说："你是不懂日本文的，你看错了。"我很希望我是看错，所以很安心的回来了，虽然去的时候是流着眼泪。

昨夜，我是不能不哭了。我看到一张中国报上清清楚楚登着他的照片，而且是那么痛苦的一刻。可惜我的哭声不能和你们的哭声混在一道。

---

1. 此信一九三六年十月二十四日从日本东京发往上海，收件人为萧军。后刊于一九三六年十一月五日上海《中流》第一卷第五期，篇名改为《海外的悲悼》。

现在他已经是离开我们五天了,不知现在他睡到哪里去了?虽然在三个月前向他告别的时候,他是坐在藤椅上,而且说:"每到码头,就有验病的上来,不要怕,中国人就专会吓唬中国人,茶房就会说:验病的来啦!来啦!……"

我等着你的信来。

可怕的是许女士的悲痛,想个法子,好好安慰着她,最好是使她不要静下来,多多的和她来往。过了这一个最难忍的痛苦的初期,以后总是比开头容易平伏下来。还有那孩子,我真不能够想象了。我想一步踏了回来,这想象的时间,在一个完全孤独了的人是多么可怕!

最后你替我去送一个花圈或是什么。

告诉许女士:看在孩子的面上,不要太多哭。

红

十月二十四日

离乱中的作家书简[1]

×先生：

还是在十二月里，我听说霞飞坊着火，而被烧的是先生的家。这谣传很久了，不过我是十二月听到的。看到你的信，我才知道，晓得那件事已经很晚了，那还是十月里的事情。但这次来的信很好，因为关心这件事情的人太多，延安和成都，都有人来信问过。再说二周年祭，重庆也开了会，可是那时候我不能去参加，那理由你也是晓得的。你说叫我收集一些当时的报纸，现在算起，过了两个月了，但怕你的贴报簿仍没有重庆的篇幅，

---

1. 此信一九三九年三月十四日从重庆发往上海，收件人为许广平。一九三九年四月五日《鲁迅风》第十二期，许广平刊发了此信部分内容，篇名改为《离乱中的作家书简》。

所以我还是在收集，以后挂号寄上。因为过时之故，所以不能收集得快，而且也怕不全。这都是我这样的年青人做事不留心的缘故，不然何必现在收集呢？不是本来应该留起的吗？

名叫《鲁迅》的刊物，至今尚未出。替转的那几张信，谢谢你。你交了白卷，我不生气（因为我不敢），所以我也不小气，打算给你写文章的。不知现在时间已过你要不要？

《鲁迅》那刊物不该打算出得那样急，为的是赶二周年。因为周先生去世之后，算算自己做的事情太少，就心急起来。心急是不行的，周先生说过，这心急要拉得长，所以这刊物我始终计算着，有机会就要出的。年底看，在这一年中，各种方法我都想，想法收集稿子，想法弄出版关系，即最后还想自己弄钱。这三条都是要紧的，尤其是关于稿子。这刊物要名实合一，要外表也漂亮，因为导师喜欢好的装修（漂亮书），因为导师的名字不敢侮辱，要选极好极好的作品，做编辑的要铁面无私，要宁缺毋滥；所以不出月刊，不出定期刊，有钱有稿就出一本，不管春夏秋冬，不管三月五月，整理好就出一本，本头要厚，出一本就是一本。载一长篇，三两篇短篇，散文一篇，诗有好的要一篇，没有好的不要。关于周先生，要每期都有关于他的文章。研究，传记，……所以先想请你做传记的工作（就是写回忆文），这很对不起，我不应该就这样指定，我的意思不是指定，就是请你具体的赞同。还请茅盾先生，台静农先生……若赞同就是写稿。但这稿也并不收在我手里（登出一期，再写信讨来一段），因为内地警报多，怕烧毁。文章越长越好，研究我们的导师非长文不够用。在这一年之中，大概你总可写出几万字的，就是这刊物不管怎样努力也不能出的话，那时就请你出单行本吧，我们都是要读的。导师的长处，我们知道的太少了，想做好人是难的。其实导师的文章就够了，绞了那么多心血给我们还不够吗？但是我们这一群年青人非常笨，笨得就像一块石，假若看了导师怎样对朋友，怎样谈闲天，怎样看电影，怎样包一本书，怎样用剪子连包书的麻绳都剪得整整齐齐，那或者帮助我们做成一个人更快一点，因为我们连吃饭走路都得根本学习的，我代表青年们向你呼求，向你索要。

我们在这里一谈起话来就是导师导师,不称周先生也不称鲁迅先生,你或者还没有机会听到,这声音是到处响着的,好像街上的车轮,好像檐前的滴水。(下略)

萧红上

三月十四日

鲁迅先生记(一)[1]

鲁迅先生家里的花瓶,好像画上所见的西洋女子用以取水的瓶子,灰蓝色,有点从瓷釉而自然堆起的纹痕,瓶口的两边,还有两个瓶耳,瓶里种的是几棵万年青。

我第一次看到这花的时候,我就问过:

"这叫什么名字?屋中既不生火炉,也不冻死?"

第一次,走进鲁迅家里去,那是快近黄昏的时节,而且是个冬天,所以那楼下室稍微有一点暗,同时鲁迅先生的纸烟,当它离开嘴边而停在桌角的地方,那烟纹的卷痕一直升腾到他有一些白丝的发梢那么高。而且再

---

1. 创作于一九三七年,篇末时间有误,首刊于一九三七年十月十八日《战斗旬刊》(武汉)第一卷第四期"鲁迅先生周年祭特辑",篇名《万年青》。收入大时代书局(重庆)一九四〇年六月初版《萧红散文》时,篇名改为《鲁迅先生记(一)》。

升腾就看不见了。

"这花，叫'万年青'，永久这样！"他在花瓶旁边的烟灰盒中，抖掉了纸烟上的灰烬，那红的烟火，就越红了，好像一朵小花似的，和他的袖口相距离着。

"这花不怕冻？"以后，我又问过，记不得是在什么时候了。

许先生说："不怕的，最耐久！"而且她还拿着瓶口给我摇着。

我还看到了那花瓶的底边是一些圆石子，以后，因为熟识了的缘故，我就自己动手看过一两次，又加上这花瓶是常常摆在客厅的黑色长桌上；又加上自己是来在寒带的北方，对于这在四季里都不凋零的植物，总带着一点惊奇。

而现在这"万年青"依旧活着，每次到许先生家去，看到那花，有时仍站在那黑色的长桌上，有时站在鲁迅先生照像的前面。

花瓶是换了，用一个玻璃瓶装着，看得到淡黄色的须根，站在瓶底。

有时候许先生一面和我们谈论着，一面检查着房中所有的花草。看一看叶子是不是黄了，该剪掉的剪掉，该洒水的洒水，因为不停的动作是她的习惯。有时候就检查着这"万年青"，有时候就谈着鲁迅先生，就在他的照像前面谈着，但那感觉，却像谈着古人那么悠远了。

至于那花瓶呢？站在墓地的青草上面去了，而且瓶底已经丢失，虽然丢失了也就让它空空地站在墓边。我所看到的是从春天一直站在秋天；它一直站到邻旁墓头的石榴树开了花而后结成了石榴。

从开炮以后，只有许先生绕道去过一次，别人就没有去过。当然那墓草是长得很高了，而且荒了，还说什么花瓶，恐怕鲁迅先生的瓷半身像也要被荒了的草埋没到他的胸口。

我们在这边，只能写纪念鲁迅先生的文章，而谁去努力剪齐墓上的荒草？我们是越去越远了，但无论多么远，那荒草是总要记在心上的。

一九三八

鲁迅先生记(二)[1]

在我住所的北边,有一带小高坡,那上面种的或是松树,或是柏树。它们在雨天里,就相同在夜雾里一样,是那么朦胧而且又那么寂静!好像飞在枝间的鸟雀的羽翼的音响我都能够听到。

但我真的听得到的,却还是我自己脚步的声音,间或从人家墙头的树叶落到雨伞上的大水点特别的响着。

那天,我走在道边,我看着伞翅上不住的滴水。

"鲁迅是死了吗?"

于是心跳了起来,不能把"死"和鲁迅先生这样的

---

1. 创作于一九三七年,篇末时间有误,首刊于一九三七年十月十六日《七月》半月刊(武汉)第一集第一期,篇名《在东京》。收入大时代书局(重庆)一九四〇年六月初版《萧红散文》时,篇名改为《鲁迅先生记(二)》。

字样相连接，所以左右反复着的是那饭馆里下女的金牙齿，那些吃早餐的人的眼镜，雨伞，他们的好像小型木凳似的雨鞋；最后我还想起了那张贴在厨房边的大画，一个女人，抱着一个举着小旗的很胖的孩子，小旗上面就写着"富国强兵"。所以以后，一想到鲁迅的死，就想到那个很胖的孩子。

我已经拉开了房东的格子门，可是我无论如何也走不进来，我气恼着：我怎么忽然变大了？

女房东正在瓦斯炉旁边斩断着一根萝卜，她抓住了她白色的围裙开始好像鸽子似的在笑："伞……伞……"

原来我好像要撑着伞走上楼去。

她的肥厚的脚掌和男人的一样，并且那金牙齿也和那饭馆里下女的金牙齿一样。日本女人多半镶了金牙齿。

我看到有一张报纸上的标题是鲁迅的"偲"。这个偲字，我翻了字典，在我们中国的字典上并没有这个字。而文章上的句子里，"逝世，逝世"这字样有过好几个，到底是谁逝世了呢？因为是日文报纸看不懂之故。

第二天早晨，我又在那个饭馆里在什么报的文艺篇幅上看到了"逝世，逝世"，再看下去，就看到"损失"

或"陨星"之类。这回，我难过了，我的饭吃了一半，我就回家了。一走上楼，那空虚的心脏，像铃子似的闹着，而前房里的老太婆在打扫着窗棂和席子的噼啪声，好像在拍打着我的衣裳那么使我感到沉重。在我看来，虽是早晨，窗外的太阳好像正午一样大了。

我赶快乘了电车，去看××。我在东京的时候，朋友和熟人，只有她。车子向着东中野市郊开去，车上本不拥挤，但我是站着。"逝世，逝世"，逝世的就是鲁迅？路上看了不少的山、树和人家，它们却是那么平安，温暖和愉快！我的脸几乎是贴在玻璃上，为的是躲避车上的烦扰，但又谁知道，那从玻璃吸收来的车轮声和机械声，会疑心这车子是从山崖上滚下来了。

××在走廊边上，刷着一双鞋子，她的扁桃腺炎还没有全好，看见我，颈子有些不会转弯的向我说：

"啊？你来得这样早！"

我把我来的事情告诉她，她说她不相信。因为这事情我也不愿意它是真的，于是找了一张报纸来读。

"这些日子病得连报也不订，也不看了。"她一边翻着那在长桌上的报纸，一边用手在摸抚着颈间的药布。

而后,她查了查日文字典,她说那个"偲"字是印象的意思,是面影的意思。她说一定有人到上海访问了鲁迅回来写的。

我问她:"那么为什么有逝世在文章中呢?"我又想起来了,好像那文章上又说:鲁迅的房子有枪弹穿进来,而安静的鲁迅,竟坐在摇椅上摇着。或者鲁迅是被枪打死的?日本水兵被杀事件,在电影上都看到了,北四川路又是戒严,又是搬家。鲁迅先生又正是住的北四川路。

但她给我的解释,在阿Q心理上非常圆满,她说:"逝世"是从鲁迅的口中谈到别人的"逝世","枪弹"是鲁迅谈到"一·二八"时的枪弹,至于"坐在摇椅上",她说谈过去的事情,自然不用惊慌,安静的摇在摇椅上又有什么稀奇。

出来送我走的时候,她还说:

"你这个人啊!不要神经质了!最近在《作家》上《中流》上他都写了文章,他的身体可见是在复元期中……"

她说我好像慌张得有点傻,但是我愿意听。于是在阿Q心理上我回来了。

我知道鲁迅先生是死了,那是二十二日,正是靖国神社开庙会的时节。我还未起来的时候，那天空开裂的爆竹，发着白烟，一个跟着一个在升起来。隔壁的老太婆呼喊了我几次，她阿拉阿拉的向着那爆竹升起来的天空呼喊，她的头发上开始束了一条红绳。楼下，房东的孩子上楼来送给我一块撒着米粒的糕点，我说谢谢他们，但我不知道在那孩子的脸上接受了我怎样的眼睛。因为才到五岁的孩子，他带小碟下楼时，那碟沿还不时的在楼梯上磕碰着。他大概是很害怕我。

靖国神社的庙会一直闹了三天，教员们讲些下女在庙会时节的故事，神的故事，和日本人拜神的故事，而学生们在满堂大笑，好像世界上并不知道鲁迅死了这回事。

有一天一个眼睛好像金鱼眼睛的人，在黑板上写着：鲁迅大骂徐懋庸，引起了文坛一场风波……茅盾起来讲和……

这字样一直没有擦掉。那卷发的，小小的，和中国人差不多的教员，他下课以后常常被人围聚着，谈些个两国不同的习惯或风俗。他的北京话说得很好，中国底旧文章和诗也读过一些。他讲话常常把眼睛从下往上看着：

"鲁迅这人，你觉得怎么样？"我很奇怪，又像很害怕，为什么他向我说？结果晓得不是向我说。在我旁边那个位置上的人站起来了，有的教员点名的时候问过他："你多大岁数？"他说他三十多岁。教员说："我看你好像五十岁的样子……"因为他的头发白了一半。

他作旧诗作得很多，秋天，中秋游日光，游浅草，而且还加上谱调读着。有一天他还让我看看，我说我不懂，别的同学有的借他的诗本去抄录。我听过了几次，有人问他："你没再作诗吗？"他答："没有，喝酒呢。"

他听到有人问他，他就站起来了：

"我说……先生……鲁迅，这个人没有什么，没有什么了不起的，他的文章就是一个骂，而且人格上也不好，尖酸刻薄。"

他的黄色的小鼻子歪了一下。我想去用手替他扭正过来。

一个大个子，戴着四角帽子，他是"满洲国"的留学生，听说话的口音，还是我的同乡。

"听说鲁迅不是反对'满洲国'的吗？"那个日本教

员,抬一抬肩膀,笑了一下:"嗯!"

过了几天,日华学会开鲁迅追悼会了。我们这一班中四十几个人,去追悼鲁迅先生的只有一位小姐。她回来的时候,全班的人嘲笑着她,她的脸红了,打开门,用脚尖向前走着,走得越轻越慢,而那鞋跟就越响。她穿的衣裳颜色一点也不调配,有时是一件红裙子绿上衣,有时是一件黄裙子红上衣。

这就是我在东京所看到的这些个不调配的人,以及鲁迅的死对他们激起怎样不调配的反应。

一九三八年

逝者已矣[1]

自从上海的战事发生以来,自己变成了焦躁和没有忍耐,而且这焦躁的脾气时时想要发作,明知道这不应该,但情感的界限,不知什么在鼓动着它,以至于使自己有些理解又不理解。

前天军到印刷局去,回来的时候,带回来一张《七月》的封面,用按钉就按在了墙上。"七月"的两个字,是鲁迅先生的字。(从鲁迅书简上移下来的)接着就想起了当年的海燕,"海燕"的两个字是鲁迅先生写的。第一期出版了的那天,正是鲁迅先生约几个人在一个有烤鸭的饭馆里吃晚饭的那天。(大概是年末的一餐饭的意思)海燕

---

1. 创作于一九三七年十月十七日,首刊于一九三七年十月二十日《大公报·战线》(汉口)第二十九号。

社的同人也都到了。最先到的是我和萧军,我们说:

"海燕的销路很好,四千已经销完。"

"是很不坏的!是……"鲁迅先生很高的举着他的纸烟。

鲁迅先生高兴的时候,看他的外表上,也好像没有什么。

等一会又有人来了,告诉他海燕再版一千,又卖完了。并且他说他在杂志公司眼看着就有人十本八本的买。

鲁迅先生听了之后:

"哼哼!"把下颔抬高了一点。

他主张先印两千,因为是自费,怕销不了,赔本。卖完再印。

那天我看出来他的喜悦似乎是超过我们这些年青人。都说鲁迅先生沉着,在那天我看出来鲁迅先生被喜悦鼓舞着的时候也和我们一样,甚至于我认为比我们更甚。(和孩子似的真诚。)

有一次,我带着焦躁的样子,我说:

"自己的文章写得不好,看看外国作家高尔基或是什么人……觉得存在在自己文章上的完全是缺点了。并且写了一篇,再写一篇也不感到进步……"于是说着,我不但对于自己,就是对于别人的作品,我也一同起着恶感。

鲁迅先生说:"忙!那不行。外国作家……他们接受的遗产多么多,他们的文学生长已经有了多少年代!我们中国,脱离了八股文,这才几年呢……慢慢作,不怕不好,要用心,性急不成。"

从这以后,对于创作方面,不再做如此想了。后来,又看一看鲁迅先生对于版画的介绍,对于刚学写作的人,看稿或是校稿。起初我想他为什么这样过于有耐性?而后来才知道,就是他所常说的:"能作什么,就作什么。能作一点,就作一点,总比不作强。"

现在又有点犯了这焦躁的毛病,虽然不是在文章方面,却跑到别一方面去了。

看着墙上的那张《七月》的封面上站着的鲁迅先生的半身照像:若是鲁迅先生还活着!他对于这刊物是不是喜悦呢?若是他还活着,他在我们流亡的人们的心上该起着多少温暖!

本来昨夜想起来的纪念鲁迅先生的文章并不这样写

法，因为又犯了焦躁的毛病，很早的就睡了。因为睡得太多，今天早晨起来，头有点发昏，而把已经想好的，要写出来纪念鲁迅先生的基本观点忘记了。

一九三七，十，十七日

记忆中的鲁迅先生[1]

鲁迅先生的笑声是明朗的,是从心里的欢喜。若有人说了什么可笑的话,鲁迅先生笑得连烟卷都拿不住了,常常是笑得咳嗽起来。

鲁迅先生喜欢喝清茶,不喝别的饮料。咖啡,可可,牛奶,汽水之类,家里都不预备。

鲁迅先生陪客人到夜深,必同客人一道吃一些点心,那饼干就是从铺子里买来的,装在饼干盒子里,到夜深许先生拿着碟子取出来,摆在鲁迅先生的书桌上。吃完了,许先生打开立柜再取一碟。还有向日葵子差不多是款待每位来客所必不可少的。鲁迅先生一边抽着烟,一

---

1. 首刊于一九三九年十月十八日至二十八日《星岛日报·星座》(香港)第四二七号至四三二号。一九三九年十二月,篇名改为《鲁迅先生生活忆略》,刊于《文学集林》第二辑。

边剥着瓜子吃，吃完了一碟，鲁迅先生必请许先生再拿一碟来。

鲁迅先生备有两种纸烟，一种价钱贵的，一种便宜的，便宜的是绿听子的，我不认识那是什么牌子，只记得烟头上带着黄纸的嘴，每五十支的价钱大概是四角到五角，是鲁迅先生自己平日用的。另一种是白听子的，是前门牌，用来招待客人的，白烟听放在鲁迅先生书桌的抽屉里。来了客人，鲁迅先生便在下楼时把它带到楼下去，客人走了，又带回楼上来照样放在抽屉里。而绿听子的永远放在书桌上，是鲁迅先生随时吸着的。

鲁迅先生的休息，不听留声机，不出去散步，也不倒在床上睡觉，鲁迅先生自己说：

"坐在椅子上翻一翻书就是休息了。"

鲁迅先生从下午两三点钟起就陪客人，陪到五点钟，陪到六点钟，客人若在家吃饭，吃过饭又必要一起喝茶，或者刚刚喝完茶走了，或者还没走就又来了客人，于是又陪下去，陪到八点钟，十点钟，常常陪到十二点钟，从下午两三点钟起，陪到夜里十二点这么长的期间，鲁迅先生都是坐在藤躺椅上，不断的吸着烟。

客人一走,已经是下半夜了。本来已经是睡觉的时候了,可是鲁迅先生正要开始工作,在工作之前,他稍微阖一阖眼睛,燃起一支烟来,躺在床边上,这一支烟还没有吸完,许先生差不多就在床里边睡着了。(许先生为什么睡得这样快呢?因为第二天早晨六七点钟就要起来管理家务。)海婴这时也在三楼和保姆一道睡着了。

　　全楼都寂静下去,窗外也是一点声音没有了,鲁迅先生站起来,坐到书桌边,在那绿色的台灯下开始写文章了。

　　许先生说鸡鸣的时候,鲁迅先生还坐着,街上的汽车嘟嘟的叫起来了,鲁迅先生还是坐着。

　　有时许先生醒了,看着玻璃窗白萨萨的了,灯光也不显得怎样亮了,鲁迅先生的背影不像夜里那样黑大。

　　鲁迅先生的背影是灰黑色的,仍旧坐在那里。

　　人家都起来了,鲁迅先生才睡下。

　　海婴从三楼下来了,背着书包,保姆送他到学校去,经过鲁迅先生的门前,保姆总是嘱咐他说:

　　"轻一点走,轻一点走。"

　　鲁迅先生刚睡下,太阳就高起来了。太阳照着隔院子的人家,明亮亮的,照着鲁迅先生花园里的夹竹桃,明亮亮的。

鲁迅先生的书桌整整齐齐的,写好的文章压在书下边,毛笔在烧瓷的小龟背上站着。

一双拖鞋停在床下,鲁迅先生在枕头上边睡着了。

鲁迅先生喜欢喝一点酒,但是不多喝,喝半小圆碗或一碗底。鲁迅先生喝的是中国酒,多半是花雕。

老靶子路有一家小吃茶店,只有门面一间,在门面里边设座,座少,安静,光线不充足,有些冷落。鲁迅先生常到这小吃茶店来。有约会多半是在这里边,老板是白俄,胖胖的。中国话大概他听不懂。

鲁迅先生这一位老人,穿着布袍子,有时到这里来,泡一壶红茶,和青年人坐在一道谈了一两个钟头。

有一天鲁迅先生的背后那茶座里边坐着一位摩登女子,身穿紫裙子黄衣裳,头戴花帽子……那女子临走时,鲁迅先生一看她,就用眼瞪着她,很生气的看了她半天。而后说:

"是做什么的呢?……"

鲁迅先生对于穿着紫裙子,黄衣裳,花帽子的人就是这样看法的。

鬼到底是有的是没有的？传说上有人见过，还跟鬼说过话，还有人被鬼在后边追赶过，有的稍微软弱一点的鬼，一见了人就贴在墙上，但没有一个人捉住一个鬼给大家看看。

鲁迅先生讲了他看见过鬼的故事给大家听：

"是在绍兴……"鲁迅先生说，"三十年前……"

那时鲁迅先生从日本读书回来，不知是在一个师范学堂里呢，还是别的学堂里教书，晚上没事时，鲁迅先生总是到朋友家去谈天，这朋友住得离学堂几里路，几里路不算远，但必得经过一片坟地，谈天有时谈得晚了，十一二点钟才回学堂的事也常有。有一天，鲁迅先生就回去得很晚，天空有很大的月亮。

鲁迅先生向着归路走得很起劲时，往远处一看，远处有一个白影。

鲁迅先生是不相信鬼的，在日本留学时是学的医，常常把死人抬来解剖的，解剖过二十几个，不但不怕鬼，对死人也不怕，所以对于坟地也就根本不怕。仍旧是向前走着。

走了不几步,那远处的白东西没有了,再看,突然又有了。且时小时大,时高时低,正和鬼一样,鬼不就是变幻无常的吗?

鲁迅先生有点踌躇了,到底是向前走呢?还是回过头来走?本来回学堂不止这一条路,这不过是最近的一条就是了。

鲁迅先生仍是向前走的,到底要看一看鬼是什么样,虽然那时候也怕了。

鲁迅先生那时从日本回来不久,所以还穿着硬底皮鞋,鲁迅先生决心要给那鬼一个致命的打击,等走到那白影旁边时,那白影缩小了,蹲下了,一声不响的靠住了一个坟堆。

鲁迅先生就用了他的硬皮鞋踢出去。

那白影噢的一声叫出来,随着就站起来。鲁迅先生定睛看去,他却是个人。

鲁迅先生说在他踢的时候,他是很害怕的,好像若一下不把那东西踢死,自己反而会遭殃的,所以用了全力踢出去。

原来是一个盗墓子的人在坟场上半夜做着工作。

鲁迅先生说到这里就笑了起来。

"鬼也是怕踢的，踢他一脚立刻就变成人了。"

我想，倘若是鬼常常让鲁迅先生踢踢倒是好的，因为给了他一个做人的机会。

从福建菜馆叫的菜，有一碗鱼做的丸子。

海婴一吃就说不新鲜，许先生不信，别人也都不信。因为那丸子有的新鲜，有的不新鲜。别人吃到的恰好都是没有改味的。

许先生又给海婴一个，海婴一吃，又是不好的，他又嚷着。别人都不注意。鲁迅先生把海婴碟里的拿来尝尝，果然是不新鲜的。鲁迅先生说：

"他说不新鲜，一定也有他的道理，不加以查看就抹杀是不对的。"

……

以后我想起这件事来，私下和许先生谈过，许先生说："周先生的做人，真是我们学不了的，哪怕一点点小事。"

鲁迅先生包一个纸包也要包得整整齐齐，常常把要寄出去的书，从许先生手里取过来自己包，说许先生包得不好，许先生本来包得多么好，而鲁迅先生还要亲自动手。

鲁迅先生把书包好了,用细绳捆上,那包方方正正的,连一个角也不准歪一点或扁一点,而后拿着剪刀,把捆书的那小绳头都剪得整整齐齐。

就是包这书的纸都不是新的,都是从街上买东西回来留下来的。许先生上街回来把买来的东西一打开随手就把包东西的牛皮纸折起来,随手把小细绳圈了一个圈,若小细绳上有一个疙瘩,也会随手把它解开的,准备着随时用随时方便。

鲁迅先生的卧室,一张铁架大床,床顶上遮着许先生亲手做的白布刺花的围子,顺着床的一边折着两张被子,都是很厚的,是花洋布的被面。挨着门口的床头的方向站着抽屉柜,一进门的左手摆着八仙桌,桌子的两旁藤椅各一,立柜站在和方桌一排的墙角,立柜本是挂衣裳的,衣裳却很少,都让糖盒子,饼干筒子,瓜子罐给塞满了,有一次××老板的太太来拿版权证的图章、印花,鲁迅先生就是从立柜下边大抽屉里取出的。沿着墙角往窗子那边走,有一张装饰台,台子上有一个方形的满浮着绿草的玻璃养鱼池,里边游着的是金鱼和灰色的扁肚子小鱼。除了鱼池之外另有一只圆的表，其余，那上边满堆着书。铁架床靠窗子的那头的书柜里书柜外都是书，最后是鲁迅先生的写字台，那上边也都是书。

鲁迅先生的家里从楼上到楼下，没有一个沙发。鲁迅先生工作时坐的椅子是硬的，休息时的藤椅是硬的，到楼下陪客人时坐的椅子又是硬的。

鲁迅先生的写字台面向着窗子，上海弄堂房子的窗子差不多满一面墙那么大，鲁迅先生把它关起来，因为鲁迅先生工作起来有一个习惯，怕风吹，他说，风一吹，纸就动，时时防备着纸跑，文章就写不好。所以屋子热得和蒸笼似的，请鲁迅先生到楼下去，他又不肯，鲁迅先生的习惯是不换地方。有时太阳照进来，许先生劝他把书桌移开一点都不肯。只有满身流汗。

鲁迅先生的写字桌，铺了一张蓝格子的油漆布，四角都用图钉按着。桌子上有小砚台一方，墨一块，毛笔站在笔架上，笔架是烧瓷的，在我看来不很细致，是一个龟，龟背上带着好几个洞，笔就插在那洞里。鲁迅先生多半是用毛笔的，钢笔也不是没有，是放在抽屉里。桌上还有一个方大的白瓷的烟灰盒，一个茶杯，杯子上戴着盖。

鲁迅先生的习惯和别人不同，写文章用的材料和来信都压在桌子上，把桌子都压得满满的，几乎只有写字的地方可以伸开手，其余桌子的一半被书或纸张占有着。

左手边的桌角上有一个带绿灯罩的台灯，那灯泡是横着装的，在上海那是极普通大概很便宜的台灯。

冬天在楼上吃饭，鲁迅先生自己拉着电线把台灯的机关从棚顶的灯头上拔下，而后装上灯泡子，等饭吃过了许先生再把电线装起来，鲁迅先生的台灯就是这样做成的，拖着一根长的电线在棚顶上。

鲁迅先生的文章，多半是从这台灯下写的。因为鲁迅先生工作的时间，多半是下半夜一两点起，天将明了休息。

卧室就是如此，墙上挂着海婴一个月婴孩的油画像。

挨着卧室的后楼里边，完全是书了，不十分整齐，报纸或杂志或洋装的书，都混在这间屋子里，一走进去多少还有些纸张气味，地板被书遮盖得太小了，几乎没有了，大网篮也蹲在书中。墙上拉着一条绳子或是铁丝，就在那上边缀了小提盒，铁丝笼之类，风干荸荠就盛在铁丝笼里，扯着的那铁丝几乎被压断了，已经在弯着。一推开藏书室的窗子，窗子外边还挂着一筐风干荸荠。

"吃罢，多得很，风干的，格外甜。"许先生说。

楼下厨房传来了煎菜的锅铲的响声，并且两个年老的娘姨慢重重的在讲一些什么。

厨房是家里最热闹的一部分，整个三层楼都是静静的，喊娘姨的声音没有，在楼梯上跑来跑去的声音没有。鲁迅先生家里五六间房子只住着五个人，三位是先生的全家，余下的二位是年老的女佣人。

来了客人都是许先生亲自倒茶，即或是麻烦到娘姨时，也是许先生下楼去吩咐，绝没有站到楼梯口就大声在呼唤的时候。所以整个的房子都在静悄悄之中。

只有厨房比较热闹了一点，自来水哗哗的流着，洋瓷盆在水门汀的水池子上每拖一下发着嚓嚓的响，洗米的声音，也是嚓嚓的。鲁迅先生很喜欢吃竹笋的，在菜板上切着笋片笋丝时，刀锋每划下去都是很响的。

其实，比起别人家的厨房来却冷清极了，所以洗米声和切笋声都分开来听得清清晰晰。

客厅的一边摆着并排的两个书架，书架是带玻璃橱的，里边有朵斯托益夫斯基的全集和别的外国作家的全集，大半多是日文译本。地板上没有地毯，但擦得非常干净。

海婴的玩具橱也站在客厅里，里边是些毛猴子，橡皮人，火车，汽车之类，里边装得满满的，别人是数也数不清的，只有海婴，自己伸手到里边找什么就有什么。过新年时在街上买的兔子灯，纸毛上已经落了灰尘了，仍摆在玩具橱顶上。

客厅只有一个灯头，大概五十烛光，客厅的后门对着上楼去的楼梯，前门一打开有一个一方丈大小的花园，花园里没有什么花可看，只有一棵七八尺高的小树，大概那是柳桃，一到了春天，容易生长蚜虫，忙得许先生拿着喷蚊虫的机器，一边陪着客人谈话，一边喷着杀虫药水。沿着墙根，种了一排玉米，许先生说："这玉米长不大的，海婴一定要种。"

春天，海婴在花园里掘着泥沙，培植着各种玩艺。

三楼则特别静了，向着太阳开着两扇玻璃门，门外有一个水门汀的突出的小廊子，春风很温暖的抚摸着门口长垂着的帘子，有时候帘子被风吹得很高，飘扬着饱满得和大鱼泡似的，那时候隔院的绿树照进玻璃门扇里来了。

海婴坐在地板上装着小工程师在修造一座楼房，他那楼房是用椅子横倒了架起来修的，而后遮起一张被单来算作屋瓦，全个房子在他自己拍着手的赞誉声中完成了。

这房间感到些空旷和寂寞，既不像女工住的屋子，又不像儿童室。海婴的眠床靠着屋子的一边放着，那大圆顶帐子日里也不打起来，长拖拖的好像从棚顶一直垂到地板上。那床是非常讲究的属于刻花的木器一类的。许先生讲过，租这房子时，从前一个房客转留下来的。海婴和他的保姆，就睡在这五六尺宽的大床上。

冬天烧过的火炉，三月里还冷冰冰的在地板上站着。

海婴不大在三楼上玩的，除了到学校去，就是到院子里踏脚踏车，他非常喜欢跑，跳，所以厨房，客厅，二楼，他是无处不跑的。

三楼整天在高处空着，三楼的后楼住着老女工，一天很少上楼来，所以楼梯擦过之后，一天到晚干净得溜明。

鲁迅先生的身体不大好，容易伤风，伤风之后，照常要陪客人，回信，校稿子。所以伤风之后总要拖下去一个月或半个月的。

瞿秋白的《海上述林》校样，一九三五年冬和一九三六年的春天，鲁迅先生不断的校着，几十万字的校样，要看三遍，而印刷所送校样来总是十页八页的，并不是通通一道送来，所以鲁迅先生不断的被这校样催索着，鲁迅先生竟说：

"看吧，一边陪着你们谈话，一边看校样，眼睛可以看，耳朵可以听……"

有时客人来了，一边说着笑话，一边鲁迅先生放下了笔。有的时候竟说：

"就剩几个字了，几个字，……请坐一坐……"

一九三五年冬天许先生说：

"周先生的身体是不如从前了。"

有一天，鲁迅先生到饭馆里请一次客人，来的时候，兴致很好，还记得那次吃了一只烤鸭子，整个的鸭子用大钢叉子叉上来时，大家看着这鸭子烤得又油又亮的，鲁迅先生也笑了。

菜刚上满了，鲁迅先生就到藤躺椅上去吸一支烟，并且阖一阖眼睛。一吃完饭，有的喝多了酒的，大家都乱闹了起来,彼此抢着苹果,彼此讽刺着玩,说着一些刺人可笑的话。而鲁迅先生这时候坐在躺椅上,阖着眼睛,很庄严的在沉默着,让拿在手上纸烟的烟丝,慢慢的上升着。

别人以为鲁迅先生也是喝多了酒吧!

许先生说,并不的。

"周先生身体是不如从前了,吃过了饭总要阖一阖眼稍微休息一下,从前一向没有这习惯。"

周先生从椅子上站起来了,大概说他喝多了酒的话让他听到了。

"我不多喝酒的,小的时候,母亲常常提到父亲喝了酒,脾气怎样坏,母亲说,长大了不要喝酒。不要像父亲那样子……所以我不多喝的……从来没喝醉过……"

鲁迅先生休息好了,换了一支烟,站起来也去拿苹果吃,可是苹果没有了。鲁迅先生说:

"我争不过你们了,苹果让你们抢光了。"

有人把抢到手还保存着的苹果,奉献出来,鲁迅先生没有吃,只在吸烟。

一九三六年春,鲁迅先生的身体不大好,但没有什么病，吃过了夜饭，坐在躺椅上，总要闭一闭眼睛，沉静一会。

许先生对我说，周先生在北平时，有时开着玩笑，手按着桌子一跃就能够跃过去，而近年来没有这么做过，大概没有以前那么灵便了。

这话许先生和我是私下讲的，鲁迅先生没有听见，仍靠在躺椅上沉默着呢。

许先生开了火炉的门，装着煤炭哗哗的响，把鲁迅先生震醒了，一讲起话来鲁迅先生的精神又照常一样。

一九三六年三月里鲁迅先生病了，靠在二楼的躺椅上，心脏跳动得比平日厉害，脸色略微灰了一点。

许先生正相反的，脸色是红的，眼睛显得大了，讲话的声音是平静的，态度并没有慌张，在楼下，一走进客厅来许先生就说：

"周先生病了，气喘……喘得厉害，在楼上靠在躺椅上。"

鲁迅先生呼喘的声音，不用走到他的旁边，一进了卧室就听得到的。鼻子和胡须在扇着，胸部一起一落。眼睛闭着，差不多永久不离开手的纸烟，也放弃了。藤躺椅后边靠着枕头,鲁迅先生的头有些向后,两只手空闲的垂着。眉头仍和平日一样没有聚皱,脸上是平静的舒展的,似乎并没有任何痛苦加在身上。

"来了吗?"鲁迅先生睁一睁眼睛,"一不小心,着了凉,……呼吸困难……到藏书的房子去翻一翻书……那房子因为没有人住,特别凉……回来就……"

许先生看周先生说话吃力,赶快接着说周先生是怎样气喘的。

医生看过了,吃了药,但喘并未停,下午医生又来过,刚刚走。

卧室在黄昏里边一点一点的暗下去,外边起了一点小风,隔院的树被风摇着发响。别人家的窗子有的被风打着发出自动关开的响声。家家的流水道都哗啦哗啦响着水声,一定是晚餐之后洗着杯盘的剩水。晚餐后该散步的散步去了,该会朋友的会朋友去了,弄堂里来去的稀疏不断的走着人,而娘姨们还没有解掉围裙呢,就依着后门彼此搭讪起来。小孩子们三五一伙前门后门的跑着,弄堂外汽车穿来穿去。

鲁迅先生坐在躺椅上,沉静的,不动的阖着眼睛,略微灰了一点的脸色被炉里的火光染红了一点。纸烟听子蹲在书桌上，茶杯也蹲在桌子上。

许先生轻轻的在楼梯上走着，许先生一到楼下去，二楼就只剩了鲁迅先生一个人坐在椅子上，呼喘把鲁迅先生的胸部有规律性的抬得高高的。

鲁迅先生必得休息的，须藤老医生是这样说的。

可是鲁迅先生从此不但没有休息，并且脑子里所想得更多了，要做的事情都像非立刻就做不可，校《海上述林》的校样，印珂勒惠支的画，翻译《死魂灵》下部。刚好了，这些就都一起开始了，还计算着出三十年集（亦即《鲁迅全集》）。

鲁迅先生感到自己的身体不行，就更没有时间注意身体，所以要多做，赶快做。当时大家不解其中的意思，多不以鲁迅先生不加休息为然，后来读了鲁迅先生《死》那篇文章才了然了。

鲁迅先生知道自己的健康不成了，工作的时间没有几年了，死了是不要紧的，只要留给人类更多。

所以不久书桌上德文字典日文字典又摆起来了。

果戈里的《死魂灵》，又开始翻译了。

记我们的导师
——鲁迅先生生活的片段[1]

青年人写信写得太草率，鲁迅先生是深恶痛绝之的。

"字不一定写得好，但必须得使人一看了就认识，年轻人现在都太忙了……他自己赶快胡乱写完了事，别人看了三遍五遍看不明白，这费了多少工夫，他不管。反正这费的工夫不是他的。这存心是不太好的。"

但他还是展读着每封由不同角落里投来的青年的信，眼睛不济时，便戴起眼镜来看，常常看到夜里很深的时光。

珂勒惠支的画，鲁迅先生最佩服，同时也很佩服她

---

1. 创作于一九三九年十月十九日，首刊于一九三九年十月二十日《中学生》战时半月刊（重庆）第十期。此文开头到"一个做人的机会"部分，创作于一九三九年九月二十二日，首刊于一九三九年十月一日《中苏文化》（重庆）第四卷第三期，篇名为《鲁迅先生生活散记——为鲁迅先生三周年祭而作》。

的做人。珂勒惠支受希特拉的压迫，不准她做教授，不准她画画，鲁迅先生常讲到她。

史沫特烈，鲁迅先生也讲到，她是美国女子，帮助印度独立运动，现在又在援助中国。

他对这两个女子都起着由衷的敬重。

鲁迅先生的笑声是爽朗的，是从心里的欢喜。若有人说了什么可笑的话，鲁迅先生笑得连烟卷都拿不住了，常常是笑得咳嗽起来。

鲁迅先生喜欢吃清茶，其余不吃别的饮料。咖啡，可可，牛奶，汽水之类，家里都不预备。

鲁迅先生的休息，不听留声机，不出去散步，也不倒在床上睡觉，鲁迅先生自己说：

"坐在椅子上翻一翻书就是休息了。"

老靶子路有一家小吃茶店，只有一间门面，座少，安静，光线不充足，有些冷落。鲁迅先生常到这吃茶店来。有约会多半是在这里边的。老板是白俄，胖胖的。中国话大概他听不懂。

鲁迅先生这一位老人，穿着布袍子，有时到这里来，泡一壶红茶，和青年人坐在一道谈了一两个钟头。

有一天,鲁迅先生的背后坐着一位摩登女子,身穿紫裙子,黄衣裳,头戴花帽子……那女子临走时,鲁迅先生一看她,就用眼瞪着她,很生气的看了她半天。而后说:

"是做什么的呢……"

鲁迅先生对于穿着紫裙子,黄衣裳,花帽子的人,就是这样看法的。

鬼到底是有的是没有的?传说上有人见过,还跟鬼说过话,还有人被鬼在后面追赶过,有的稍微软弱一点的鬼,一见了人就贴在墙上,但没有一个人捉住一个鬼给大家看。

鲁迅先生讲了他看见鬼的故事给大家听:

"是在绍兴……"鲁迅先生说,"三十年前……"

那时鲁迅先生从日本读书回来,在一个师范学堂里(也不知是什么学堂里)教书,晚上没有事时,鲁迅先生总是到朋友家去谈天,这朋友的住所离学堂有几里路,几里路不算远,但必得经过一片墓地,有的时候谈得晚了,十一二点钟方回学堂的事也常有。有一天鲁迅先生就回去得很晚,天空有很大的月亮。

鲁迅先生向着归路走得很起劲时,往远处一看,远处有一个白影。

鲁迅先生是不相信鬼的,在日本留学时学的是医,常常把死人抬来解剖的,解剖过二十几个,不但不怕鬼,对死人也不怕,所以对于坟地也就根本不怕,仍旧向前走。

走了几步,那远处的白东西没有了,再看,突然又有了。并且时大时小,时高时低,正和鬼一样,鬼不就是变幻无常的吗?

鲁迅先生有点踌躇了:到底是向前走呢?还是回过头来走?本来回学堂不止这一条路,这不过是最近的一条路就是了。

鲁迅先生仍是向前走的,到底要看一看鬼是什么样,虽然那时候也有点怕了。

鲁迅先生那时从日本回来不久,所以还穿着硬底皮鞋,鲁迅先生决心要给那鬼一个致命的打击,等走到那白影旁边时,那白影缩小了,蹲下了,一声不响的靠住了一个坟堆。

鲁迅先生就用了他的硬皮鞋踢出去。

那白影噢的一声叫出来,随着就站起来。鲁迅先生定睛看去，却是一个人。

鲁迅先生说，他在踢的时候，是很害怕的，好像不把那东西一下子踢死，自己反而会遭殃似的，所以用了全力踢出去。

"原来是一个盗墓子的人在坟场上半夜做着工作。"

鲁迅先生说到这里，就笑了起来。

"鬼也是怕踢的，踢他一脚立刻就变成人了。"

我想，鬼若是常常让鲁迅先生踢踢倒是好的，因为给了一个做人的机会。

鲁迅先生包一个纸包也要包得整整齐齐，常常把要寄出去的书，从许先生手里取过来自己包，说许先生包得不好。许先生本来包得多么好，而鲁迅先生还要亲自动手。

鲁迅先生把书包好了，用细绳捆上，那包方方正正的，连一个角也不准歪一点或扁一点，而后拿着剪刀，把捆书的那小绳头都剪得整整齐齐。

就是包这书的纸都不是新的，都是从街上买东西回来留下来的。许先生上街回来把买来的东西，一打开随手就把包东西的牛皮纸折起来，随手把小细绳圈了一个圈，若小细绳上有一个疙瘩，也要随手把它解开的。备着随时用随时方便。

鲁迅先生的身体不大好，容易伤风，伤风之后，照常要陪客人，回信，校稿子。所以伤风之后总要拖下去一个月或半个月的。

瞿秋白的《海上述林》校样，一九三五年冬和一九三六年的春天，鲁迅先生不断的校着，几十万字的校样，要看三遍，而印刷所送校样来总是十页八页的，并不是通通一道送来，所以鲁迅先生不断的被这校样催索着，鲁迅先生竟说：

"看吧，一边陪着你们谈话，一边看校样的，眼睛可以看，耳朵可以听……"

有时客人来了，鲁迅先生一边说着笑话，一边放下了笔。有的时候竟说：

"就剩几个字了，几个字……请坐一坐……"

一九三五年冬天，许先生说：

"周先生的身体是不如从前了。"

有一次，鲁迅先生到饭馆里请一次客人，来的时候兴致很好，还记得那次吃了一只烤鸭子，整个的鸭子用大钢叉子叉上来时，大家看着这鸭子烤得又油又亮的，鲁迅先生也笑了。

菜刚上满了，鲁迅先生就到藤躺椅上去吸一支烟，并且阖一阖眼睛。一吃完饭，有的喝多了酒的，大家都乱闹了起来，彼此抢着苹果，彼此讽刺着玩，说着一些刺人可笑的话。而鲁迅先生这时候，坐在躺椅上，阖着眼睛很庄严的沉默着，让拿在手上纸烟的烟丝，慢慢的上升着。

别人以为鲁迅先生也是喝多了酒吧！

许先生说并不的。

"周先生身体是不如从前了，吃过了饭总要阖一阖眼，稍微休息一下，从前一向没有这习惯。"

周先生从椅子上站起来了，大概说他喝多了酒的话让他听到了。

"我不多喝酒的，小的时候，母亲常常提到父亲喝了酒，脾气怎样坏，母亲说，长大了不要喝酒，不要像父亲那样子……所以我喝不多的……而且从来没有醉过……"

鲁迅先生休息好了，换了一支烟，站起来也去拿苹

果吃,可是苹果没有了。鲁迅先生说:

"我争不过你们了,苹果让你们抢没了。"

有人抢到手的还在保存着的苹果,奉献出来,鲁迅先生没有吃,只在吸烟。

从那之后,先生的健康便显出来不如从前了,这以后一直到鲁迅先生病。

那留待以后有机会再续记吧。

鲁迅先生逝世三周年纪念日

拜墓诗
——为鲁迅先生[1]

跟着别人的脚迹,

我走进了墓地,

又跟着别人的脚迹,

来到了你墓边。

那天是个半阴的天气,

你死后我第一次来拜访你。

我就在你墓边竖了一株小小的花草,

但,并不是用以招吊你的亡灵,

---

1. 创作于一九三七年三月八日,首刊于一九三七年四月二十三日《大公报》副刊《文艺》(上海)第三二七期,篇名《拜墓》。收入《萧红自集诗稿》时,标题改为《拜墓诗——为鲁迅先生》。

只是说一声：久违。

我们踏着墓畔的小草，
听着附近的石匠钻刻着墓石，
或是碑文的声音。
那一刻，
胸中的肺叶跳跃起来，
我哭着你，
不是哭你，
而是哭着正义。

你的死，
总觉得是带走了正义，
虽然正义并不能被人带走。

我们走出墓门，
那送着我们的仍是铁钻击打着石头的声音，
我不敢去问那石匠，
将来他为着你将刻成怎样的碑文？

民族魂鲁迅[1]

（剧情为演出方便，如有更改，须征求原作者同意。）

第一幕　人物

少年鲁迅　当铺掌柜甲、乙　蓝皮阿五　何半仙
单四嫂子　祥林嫂　孔乙己　王胡　阿Q　牵羊人

第一幕　剧情

六十年前的八月三日，鲁迅先生生在浙江省，绍兴

---

1. 创作于一九四〇年七月，首刊于一九四〇年十月二十一日至三十一日《大公报》（香港）副刊《文艺》第九五二至九五九期、《学生界》第二三六至二三八期。

府，他的父亲姓周，母亲姓鲁。鲁迅先生的真姓名叫周树人，鲁迅是他的笔名。

他生来记性很强，感觉很敏，生性仁慈，对于人类怀着一种热爱。他的一生的心血都放在我们民族解放的工作上，他的工作就是想怎样拯救我们这水深火热中的民族。但是他个人的遭遇很坏，一生受尽了人们的白眼和冷淡。

这哑剧的第一幕是说明鲁迅先生在少年时代他亲身所遇的，亲眼所见的周围不幸的人群，他们怎样生活在这地面上来，他们怎样的求活，他们怎样的死亡。这里有庸医误人的何半仙，有希望天堂的祥林嫂，有吃揩油饭的蓝皮阿五，有专门会精神胜利的阿Q……

鲁迅小时候，家道已经中落，父亲生病，鲁迅便不得不出入在典当铺子的门口。

鲁迅看穿了人情的奸诈浮薄，所以从很小的时候，就想改良我们这民族性，想使我们这老大的民族转弱为强！

第一幕　表演

舞台开幕时，是一片漆黑。

黑暗中渐渐的有一颗星星出现了，越来越亮，又断断隐去。

黑幕拉开，舞台有个高高的当铺柜台，柜台上面摆着一个浑圆的葫芦，一个毡帽大小的一把酒壶。

当铺门口西边有一张桌子，桌裙是一张白布，什么字也没有写。东边是两件破棉袄乱放在那里。

近当铺门口有个小石狮子的下马台，是早年给过路人拴马用的，下马石旁边立着一根红色的花柱，柱顶上有块招匾，写个很大的"押"字。

开幕后，哑场片刻。

单四嫂子上，手中抱着一个生病的小孩，她显出非常的疲倦，坐在小石狮子上休息、擦汗、喘气、叹息、看视小孩、惊惶，将小孩恐惧的放下，左右找人，没有，又将小孩爱抚的抱在怀里。流泪，用手摇小孩，看天，做祈祷的样子，掠发，擦汗，又检视小孩。

蓝皮阿五上，形状鬼祟，以背向后退，做手势和别人讲话，手势表示下面的意思：小孤孀，好凄凉，我明天，和你痛痛快快喝一场……在咸亨酒店，半斤不够，一个人得喝三斤，明天见……正退在石狮子上，差一点没有和单四嫂子相撞。

看见了单四嫂子，又看见了她病了的孩子，故做惊奇的样子，又表同情的样子。替单四嫂子抱孩子，专在单四嫂子的胸前和孩子之间伸过去。

单四嫂子很不安，要把孩子再接过来。

蓝皮阿五表示没有什么。

单四嫂子想找个医生给孩子看病。

蓝皮阿五把孩子交给单四嫂子抱着。

蓝皮阿五走到桌子前边，将桌子大声一拍。

桌子自己掉转过来，桌裙上写"何半仙神医，男妇儿科，老祝由科，专售败鼓皮散，立消水鼓，七十二般鼓胀"。

桌子后钻出何半仙来，头戴翅帽，身穿马褂，手拿小烟袋，指甲三寸长，满身油渍，桌上放一个小枕头。单四嫂子走过去，把孩子给他看。

何半仙看了以为没有什么，做手势说得消一消火，吃两帖就好了。

单四嫂子掏钱给他。何半仙认为还差三十吊。单四嫂子解下包孩子的袍皮托蓝皮阿五去当。

蓝皮阿五到柜台上大声一拍，柜台上的葫芦和酒壶处就出现了两个人，一个是掌柜甲，一个是掌柜乙，原来葫芦是秃头的秃顶，酒壶是那一个的毡帽。

蓝皮阿五当了四十吊钱，自己放了十吊在腰包里，给单四嫂子三十吊，又把手贴着单四嫂子的胸前伸过去，替她抱孩子，走在小石狮子面前，他用脚一踢，石狮子打碎了，出现了已经折了腿的孔乙己，他用手在舞台上膝行着走来走去。他在花柱上用力一拍，柱后转出祥林嫂。

祥林嫂一直找到何半仙那儿去问病去，问人死了之后，有没有地狱和天堂。

蓝皮阿五随便用脚啪的一声踢着两件破棉袄，里面钻出王胡和阿Q，两个人比赛拿虱子，他说他的大，他说他的响，两个人龃龉起来。

王胡后来终于没有比过他，就拿出火链来，点起亮来，吹灭了又点，点了又吹灭，故意戏弄阿Q，阿Q大气。

他是癞痢头，最忌讳别人说亮了，亮了。一手就捏住了王胡的辫子，王胡也来捏住了阿Q的辫子，两个人不分上下，两个人在墙壁上照出一条虹形的影子，两个人都不放手。

少年鲁迅带着可质的物件上，一直走到柜台上，把质物递上了。

两个掌柜本来正看着王胡和阿Q打架，一面随着他俩的动作眉飞色舞，一面还做着两面的指导人。

看见鲁迅来了，耽误了他们的兴趣，就非常的不高兴起来，故意刁难，故意揶揄。

掌柜甲以为：哈哈你又来了。掌柜乙便作态着来数落，昨天来，今天又来，明天还要来的。

掌柜甲认为货色不好，显出很不愿意收的样子。掌柜乙以为这已是老主顾，收是可以收，但得典费从廉。

掌柜甲以为你和他何必斟斤驳两，你反正从廉从优，他都得典的，你索性摆个面孔给他看就完了。

掌柜乙以为这不过还是买卖，卖身也得卖个情愿的，便肯出五十吊。掌柜甲认为不值，只肯出四十吊，对掌柜乙大示挖苦。掌柜乙为了保持自己的尊严，所以一定坚持五十吊不可。两个人争起来。掌柜甲不服气，把掌柜乙推开，伸出一只手来表示只肯给四十吊。掌柜乙趁势又钻出头来，把掌柜甲推开，伸出手来，表示肯出五十吊。掌柜甲又把他推开，伸手只肯出四十吊，掌柜乙出来又把他推开，伸手肯出五十吊。他们三番五次闹了半天，他们俩都疲倦了，于是他俩互相调和起来，协商的结果，肯出四十五吊钱。

少年鲁迅站在柜台前边，面对着这幕喜剧，不言不动不笑……直到他们耍完了，收了钱便走了。

两个掌柜因了这个少年没有参加他们的喜剧，非常不满足，彼此抱怨起来。

这时祥林嫂看见鲁迅走来，便探视他，地狱和天堂到底有没有呢？

鲁迅想了一会儿，点头说有的。祥林嫂脸上透出感慰的光辉。

鲁迅走过何半仙那儿的时候，孔乙己追着他讨钱。鲁迅给了他，下。

孔乙己掏出酒瓶来饮酒，阿Q，何半仙都围拢来争看他手中的钱。舞台渐暗。

舞台全陷在黑暗里，只有脚尖有亮，一个人牵一条羊上，四面黑暗里显出百千只的猫头鹰的眼睛，牵羊人大惊而逃。小羊崽怔忡了半天，不知往哪里逃。黑暗重重的洒落下来。

（幕慢慢的落下来）

第二幕　人物

鲁迅　日本人甲、乙　朋友　"鬼"

第二幕　剧情

鲁迅先生十八岁的时候，那时父亲已经死了，连鲁迅先生读书的学费也无法可想了。母亲给他筹了一点旅费，教他去找不要学费的学校去。鲁迅先生就拿着母亲筹给他的旅费，旅行到了南京，考入了水师学堂，后来又进矿路学堂去学开矿，毕业之后，就派往日本去留学。

在日本，鲁迅先生学的是医学，他想要用医学来医中国人的病。

在仙台医学专门学校，学了两年，这时正值日俄战争，鲁迅先生偶然在电影上看见一个中国人因为做侦探而将被斩，因此鲁迅先生觉得在中国医好几个人也没有用处，还应该有较为广大的运动……

从那时起鲁迅先生就放弃了医学，坚决的想用文学来拯救我们中华民族。

鲁迅先生二十九岁回国的。一回国，就在浙江杭州的两级师范学堂教化学和生理学，后来又在绍兴做了一个师范学校的校长。有一次鲁迅先生走夜路，在坟场上遇到一个影子，在前边时高时低，时小时大，似乎是个鬼。鲁迅先生怀疑了一会儿，到底过去用脚踢了他。虽然鲁迅先生也怀疑了一下，是鬼呢，不是鬼呢？但到底他敢去老老实实的踢他一脚，这种彻底认准了是非，就是鲁迅的精神。

第二幕　表演

青年鲁迅正在试验室做试验，一面将试验管里面的现象，变化，反应，结果……记录在纸上。

一个蒙在一条地毯下面的日本学生现在钻出来。吃醉了酒，口吹着口琴，跳舞，闹着。

看了鲁迅在工作，非常惊奇。动动这个，摸摸那个，鲁迅依然不为所扰，沉静的工作着。

那个学生觉得无聊，就在地上乱找，他东找出一本书，西找出一本书，都生气的丢开了。找了半天，最后才找寻到一段香烟，非常喜欢。他在屁股上划火柴去吸，几次都吸不着。原来他找到的不是什么香烟，而是一支粉笔头儿。他停了跳舞，想在黑板上写字，故意做出听取鲁迅意见的样子，在黑板上写着，仿佛记录的是鲁迅的意见。

人 + 兽性 = 西洋人

人 + 家畜性 = 中国人

鲁迅冷冷的看了他一眼，并不睬他，仍在工作。

那个醉鬼跳着下去。

另外一个日本人上。手里拿着个幻灯，摆在桌上，开映照片，做出招呼鲁迅去看的样子。

幻灯映出一个中国人因为做侦探而将被斩，阿 Q 麻木不仁的在旁边看着。而且把下巴拖下来，嘻嘻傻笑。

鲁迅于是非常痛心，他觉得在中国医好几个人也是无用，还是应该有较为广大的运动……他默坐在桌边沉思起来。目送着那个日本人鬼祟的走去。

鲁迅的一个朋友走来了，手里拿着许多文学书，有一本上面写着《新生》两个字，还拿着一大卷稿子。

鲁迅非常高兴，立刻将化学仪器移到另一个桌子上，把许多书都排开在原来的试验桌上。

那个朋友也到幻灯那儿去放映，映出托尔斯泰，罗曼·罗兰，契诃夫……等人的半身像来。

鲁迅决定献身文学。

鲁迅立刻伏在桌上写稿。

灯光渐暗，舞台全黑。

舞台又渐渐亮起来。

鲁迅一个人在荒野上夜行。

远远有一座坟场，有一个鬼影子时高时低，时大时小……

鲁迅踌躇了一会儿，怀疑着是人是鬼呢，莫能决定，仍然莫睹一样的走向前去。走到那鬼的跟前，用脚猛力一踢，原来蹲在那儿的是个掘墓子的人。被这一踢，踢得站起来，露出是个人样儿来。把他的铁锤吓得当啷落地，瘸着腿儿逃走了。

鲁迅目送之下。

（幕急落）

附记：

如没有幻灯，可画几张大画，在舞台里边用布遮住，拉一次布幕就露出一张画来，拉数次布幕即可见画数张。

第三幕　人物

鲁迅　朋友　绅士　强盗　贵妇　恶青年二人　好青年二人

第三幕　剧情

鲁迅先生在北京的时候，和假的正人君子们，孤桐先生就是章士钊那些人们所代表的反动势力，做着激烈的斗争，因为他们随便的杀戮青年。鲁迅先生在这个暗无天日的军阀政客统治的高压下，一个人孤军作战，毫不容情的把这般假的正人君子们击倒。

但在同一个时候,北京的学者,也有人在提倡实验主义,磕头主义,君子主义的主张,来和日人妥协。但鲁迅先生对这些都一概置之不听,认为和这些假的正人君子,假的猛人战士不能讲客气,只能打到底。

比如打已经落在水里的狗,非要再打它不可,一直打到它不能爬到岸上来,才放手。因为不这样,那狗爬到岸上还要咬人的,还要弄了一身泥污的。

所以后来有几个学者到段祺瑞政府去告密,说鲁迅先生不好,要捕拿他。

鲁迅先生得了朋友的帮助,逃到厦门,又逃到广州,在广州中山大学做了教授,后来辞职才去上海。

第三幕　表演

开幕后,舞台上露出一段篱笆,用竹子破的,上边挂个牌子"内有恶犬",篱笆下有两块灰色的圆石头平放着。

篱笆的一边,有个水池子。

鲁迅先生正用一个竹竿在打着什么东西。

一个贵妇人牵着一条小哈巴狗轻俏的走过,路上有一块砖头,绊了她一下,差点儿没跌倒了。

鲁迅先生的朋友,一个很文雅的教授,戴着眼镜,挟着一个很大的公事包走过来,对鲁迅先生作势,请他不要打。

鲁迅不听,认为非打又从而打之不可。

朋友又和他表示了一些仁侠精神的道理,走过去。

篱笆下面一块灰色石头底下,钻出一位绅士来,他把那盖在地上的,原来当作石头蒙着他的那张灰长衫穿起来,跑到另外的一块灰色石头的旁边去,把钱放在一个小小口袋里,打打呵欠,伸伸懒腰,站起来预备要走的样子。

忽然一个铜板当啷落地,那位绅士分明看见那个铜板,但不就捡起,他在地上假设一块可以找到的铜板的地方,有两码见方的地方,他把它等分的画着方格子。然后从第一格找起,一直找到有铜板的格子为止,才把铜板捡起。

他实行着实验主义。

他站起来走路的时候,他忽然忘记了人身上的四肢,不知哪两肢是为的走路的,他先试着几步,觉得不能充分证明脚是用来走路的,便趴下去用手来走路试试,这一走,气喘汗流,才又转过来,用脚来走路。

他吃香蕉不知是带皮好吃呢,还是不带皮好吃。第一个香蕉他就带皮吃了,吃了之后,他发现它有好吃的部分,也有不好吃的部分,第二只香蕉就只吃皮,而把瓤丢了不吃,直到第三只他才决定香蕉是吃瓤儿的。

另外那块石头下面藏着一个强盗,强盗爬起,把那块原来当作石头的盖在他身上的一张空包皮,打叠起来,往背上一包,就去抢那位绅士的钱袋。

那位绅士见逃不了,慌作一团。因为手颤不止,把钱袋丢落在地上,要自己逃走。

强盗弯下腰来,拾取钱袋,以背向着那位绅士。

绅士本来可以乘他不备,抢回原物,刚想伸过腿去踢他,但是以为那样子太失去了绅士的体面,再说也太不公道,于是摆手,唤他转过脸儿来,再去打他不迟,不愿做背后进攻的事情。

强盗转过脸儿来,他伸手去打强盗,没有打着,反而自己挨了一掌。

绅士见身后有一块砖头，转身去取，以背向强盗。强盗却不如方才他那样客气，在他屁股上猛踢一脚，把他踢倒在地。

强盗因为回头注视他，没当心，被那块砖头绊倒了。

绅士走过来，本来可以乘他倒时打他，但也寻思了一会儿，仍然招手把他唤起，用手扶着他的肩膀，帮他站好，然后摆好阵势，才伸拳去打他，没有打着，反挨了对方一掌。

这时这位绅士又去拾取砖头，强盗乘他不备，伸出脚来，又把他踢倒。

强盗拿起钱袋扬长而去，绅士则懊丧失望，用脚走下舞台去。

这时二恶青年上，他们看见了鲁迅在水边坐着。

青年甲认为鲁迅是有闲，有闲，第三有闲，一定是在看风景。

青年乙则认为鲁迅是醉眼蒙眬，一定是看见了一只青蛙，以为是什么怪物，在那儿昏头昏脑的打了起来。

那青年学着鲁迅的样子在看，然后自己蹲在地上做出青蛙在跳的样子，然后又立直了，像个旁观者似的看着，看了一会儿，又自己做出打滚的样子，又做出被打到水里的样子。

表演累了，便从自己的口袋中取出酒瓶，喝起酒来，两人的结论相同，非常满意。两人携下。

前一刻下场的鲁迅的朋友又上，样子比较惊慌，装束同前。仍然挟着大皮包。

他来告诉鲁迅先生一些段执政惨杀青年的消息。随后即走下舞台去。

这时有一青年，手持火把，从鲁迅面前跑过。

又一个青年，受了伤，手持火把，也跑过来，跑到舞台中间，倒地而死。

鲁迅急忙过来扶他。

看那青年没有再活转来的希望了。

鲁迅就从青年的手里，把火把接过来，向前走去。

舞台渐暗下去。

舞台再亮起来，映出广州的城垣，城上发出很大的火焰向天空照耀着。

鲁迅从大路上，手执火把向城垣走去。（此处不演也

可以）

（幕慢慢落下）

附记：

火光可以用下列做法：

用原纸板做成城垣形，上面缀以纸条，下面用鼓风机或风扇，或者利用过堂风使纸条向上飞舞，下边用红光灯一照，远看去，就像火的样子。

第四幕　人物

鲁迅　卖书小贩　朋友　外国朋友　开电梯人　德国领事馆人　僵尸　少爷　买书青年群

第四幕　剧情

鲁迅先生到上海以后的工作更严重了。鲁迅先生不但向国内呐喊，而是向着世界大声疾呼起来。

一九三〇年的二月，鲁迅先生加入自由大同盟。

一九三三年的一月，鲁迅先生加入民权保障大同盟。

同年五月十三日，鲁迅先生亲至德国领事馆为法西斯蒂暴行递抗议书。

"九一八"和"一·二八"的时候，鲁迅先生写了《伪自由书》，坚决的指出了中国的命运。

在抗战的前一年，鲁迅先生为过度的工作夺去他的生命，他没能亲眼看到，中国是怎样的搬动起来，可是远在一九二三年，鲁迅先生就预言过，说过这样的话：

"可惜中国太难改变了，即便搬动一张桌子，改装一个火炉，几乎也要血，而且即便有了血，也未必一定能搬动，能改装。不是很大的鞭子打在背上，中国人自己是不肯动弹的，我想这鞭子总要来，好坏是一个问题。然而总要打到的……"现在这鞭子未出所料的打来了，而且也未出所料的中国是动弹了。

综括鲁迅先生一生的工作，鲁迅先生纪念委员会主席蔡元培先生和副主席孙夫人说的，"承清季朴学之绪余，奠现代文坛之础石"。又说鲁迅先生的全部工作可"唤醒国魂，砥砺士气"，是很正确的评论。

一九三六年十月十九日上午五时二十五分，鲁迅先生逝世，享年五十六岁。

现在开演的是本剧第四幕，表现鲁迅先生在他多病的晚年，仍然忍受着商人和市侩的进攻，这种进攻从来没有和缓过，或停止过。鲁迅先生的一生，就在这种境遇之下过去的。但现在他倒在了地上，在他殡葬的时候，却有了千万的群众追随着他，继承着他，并且亲手在先生的桐棺上献奉了一面旗子，上面题着"民族魂"。

一九三三年二月十七日，鲁迅先生在一个朋友的私宅欢迎外国朋友。（鲁迅先生递抗议书和欢迎外国朋友在时间的顺序上是倒置了，这是为了戏剧效果而这样处理的，请诸位注意并且予以原谅。作者特别声明。）

第四幕　表演

舞台开幕后，背景是一片大白纸，有一边堆着一个四方的包书纸的大包，白纸的下边还躺着一个白色僵尸。其他什么也没有。

大白纸幕中间，偏右画着希特勒法西斯蒂暴行的一张不太大的画。

幕开后哑场片刻，舞台上出现有很大的横幅旗帜，上面写着"自由大同盟"五个字，缓缓前进，纸幕上映出群众行列的影子。哑场片刻。

鲁迅手持对法西斯蒂暴行的抗议书。

将纸壁上的法西斯蒂暴行的画面用手猛烈一扯，扯落地上。

舞台一端风起，将纸吹走。

画面扯去纸壁成一方洞，里面露一希特勒式的人头。方洞上面写着德国领事馆字样。

鲁迅把抗议书交给那个人。

纸壁上方洞已闭，什么也没有了。

大风吹舞鲁迅衣裤而下。哑声片刻。

那个白纸箱撞破了，钻出一个卖书小贩和几十本书，书特别大，比真书要大两倍以上。小贩戴鸭舌帽，窄短衣，长裤。肩上挂着一个大口袋是装钱的，里边钱已满了，钱票子就流出来了。

用鸭舌帽擦脸上汗水。取出笔来，在白幕上写了八个大字："零割出让，价钱公道。"

写完了，想想，又写了"大文豪"三个大字。想想又写了"快快买啊"四个字。这两行是交叉形的歪斜的写着的，接续在八个大字的底下。

小贩清理好摊子，正式的出卖鲁迅的作品，大展买卖伎俩。小贩高兴过度，跌在白色的僵尸上，僵尸坐起，但动作直强，仍是僵尸的动作。僵尸是个老爷模样的人，戴着礼帽，穿着黑色马褂，两袖袖口很瘦，褪色袍子，戴石墨眼镜，留着中国的胡子，足上穿着布底鞋子，从东边用八字步走到舞台中央。

一个洋场少爷，穿着笔挺的西装，皮鞋，分发，从西边踌躇满志的走上来，和绅士热烈的握手。

小贩看见买主来了，向他们兜售。老爷非常鄙夷，不要买。少爷鄙夷，不要买。小贩虽然失望，但仍力辩这书值得一买。少爷看这书还没有他口袋里的那本书好，他从身上掏出一本来，书上画着一个三角△，一颗红色的心上穿着一支箭。

小贩用笔在纸幕"大文豪"三字上加一"伟"字。

少爷看了仍不起劲，仍然不买。小贩擦汗，诅咒，为自己的生意而生气。

老爷表示书中那一套没什么道理，还不如他肚子里的那一套。少爷表示书中那一套没什么道理，还不如他肚子里的那一套。小贩追问他们那一套是什么呢？少爷主张表演给他们看，老爷认为没有必要。少爷认为那样会被轻视。老爷想演演又何妨。于是两人演了一套双簧。

不一会儿死人捉住了活人。

老爷在后，少爷在前，站了一会儿，老爷在前，少爷在后。又站了一会儿，研究了半天，揖让了半天，决定少爷在前，老爷在后。这时两人贴着站着，舞台上只见少爷，不见老爷。老爷把自己的帽子取下，戴在少爷的头上。

这时少爷用手臂向后伸出，将两臂勾在老爷身上。老爷把两手伸到前面成了少爷的左右手。两个人合为一人，青年人用老年人的手行动。两个人成为一个人了，但是一举手一投足之间，都感到非常和谐，俨如一人。

他们按照下面的进程表演：用手搔头，托腮，打自己嘴巴，挖嘴唇。用手弹头顶，擦鼻子尖上的汗。用手挖眼屎，耳腔。从口袋里取出小镜子，东照照，西照照，顾盼自如。从口袋里取出牙签剔牙。从口袋里取出长烟管来吸，取出火柴来划。从口袋里取出电话号码做出打电话的样子。从口袋里取出酒杯酒瓶来饮酒，颇为自得。忽然从一边传来一道强烈的光线，晃花了他的眼，他把眼用手遮起来向外看……他看见了什么，吓了一大跳，酒杯酒瓶迸然落地。

他俩分开了，各自狼狈遁去。

青年数人来买鲁迅的作品。有的围着翻看，小贩劈手夺之，令其出钱，才可以买。

小贩手里拿着一两本书，夸着说好，伸手与人讲价，青年围拢得更多了，他更起劲。

一个青年肋下各挟一只面包，两手拱着，口里正吃一块面包。吃完了面包，肋下各挟一本鲁迅作品，眼前摊着一本，边走边看，下。

四个青年联合来偷书，自第一个从胯下传到第二个，再传到第三个，到第四个手中转身扬长而去。

青年手抱了很多鲁迅的作品，一个个走了。

舞台另外一边，一个旅馆伙计，正穿着卖巧克力糖的服装，摊开纸片的原来割开的一个方格子的门洞走出，用笔写着电梯两个字，又按着可以开关的格子大小画成电梯的门。

伙计站在门口，一个大块头和一个漂亮小姐都来这儿乘电梯。

伙计伺候他们非常周到。

一个送报的来乘电梯，逼之使去。

鲁迅由舞台另一端走来。看了卖书的一眼，小贩看他买不起，转过脸去，不搭理他。

鲁迅来赶乘电梯，伙计看他穿着不好，连忙把"此梯奉令停止"的牌子挂出来。挥手让他往后门侍役通行的地方走上去。看他走过去，又笑嘻嘻的把牌子摘下来。

小贩一会儿工夫已经把书卖完，正在数点钱票子。

鲁迅和一个外国朋友从电梯里并肩走下来。开电梯的还是那个伙计，看了大惭。

小贩把钱藏起，用手扯掉白纸幕，然后来乘电梯。伙计看他来，用手也一把将电梯扯掉。这时小贩扯掉白纸幕表示收摊了，开电梯的人也帮着扯，电梯也收了。二人下场。

白色纸幕扯掉后，里面露出一个很大的花园。园门上写着"博爱"两个大字。后面立着一个很大的很高的微笑的萧伯纳的全身像。（应该用薄木板或原马粪纸做）另一边是高尔基把大钢笔像投枪似的举起的像。比萧站得远一点儿（两张像是可以省去的）。

哑场片刻。有青年八人，穿着有的像学生，有的像工人，有的像农夫，有的像商人，还有的像兵士，也有妇女，左手夹着鲁迅先生的作品，右手执旗，旗上面写着：（一）"全国一致对日"，（二）"血债必须用同物偿还"，（三）"抗日反对汉奸"，（四）"设法增长国民的实力，永远这样干下去"，（五）"不怕的人前面才有路"，（六）"一面清结内账，一面开辟新路"，（七）"共同拒抗，改革，奋斗三十年，不够再一代二代……"，（八）"在这可诅咒的地方，击退了可诅咒的时代。"（标语都是由鲁迅先生作品里摘录下来的）

青年们在园门前绕行三周。

有白鸽四五只飞起。

花瓣飞舞的落下来。

鲁迅和他的朋友从园子里缓缓的走过去。

舞台上映照出鲁迅伟大的背影，久久不动。

灯光渐渐低下去。舞台上现出一面红绒黑字的大旗，上面写着"民族魂"三个大字。

旗一直在光辉着。

（幕渐渐的落下去了）

附记：

电梯可用以下方法制作：

在白纸背后用黑色厚纸或木片扎成井字形和普通电梯门一般宽，上边系了小型电灯，随时拉上拉下，在白纸幕外，看起来与电梯相似。

附　录

鲁迅先生一生，所涉至广，想用一个戏剧的形式来描写是很困难的一件事，尤其用不能讲话的哑剧。

所以这里我取的处理的态度，是用鲁迅先生的冷静，沉定，来和他周遭世界的鬼祟跳嚣做个对比。

这里也许只做了个简单的象征，为了演出者不能用口来传达，只能做手语，所以这形式就决定了内容，这是要请读者或观者诸君原谅的。

为了演出的方便，在舞台设备不充分的地方有许多地方可以略去不演，作者已在脚本上分别注出。

至于道具和布景，可以从简，不必按照脚本上那样繁复。

第一幕押当的柜台可用布幕或纸糊成皆可。下马石可用碎布或纸片缀成。抱柱用纸糊成，如在野地上演出，地上可乱置稻草，人物可由草下钻出，这种出场方法，是借重了闹剧的手法，使观众不至瞌睡而已。

第二幕试验仪器用品，试验管可用苇管扎成，下置普通的大茶杯玻璃瓶就可以了。地毯就用一块灰布就行了。

幻灯如不能借到，可用白纸绘以漫画代之，在开幕时用和背景同色的布幔遮住，旋将布幔拉起，露出绘画即变成另外一张画了，如在灯光方便的地方，同时在画显现时映之，效果和幻灯是一样的。

第四幕的电梯，在白纸背后用黑色厚纸片或木片扎成井字格的有普通电梯门一般阔的架子，上边再系上一个小型灯光，随时拉上拉下。载人时，放上一个黑色人影，在纸幕外面来看，便和电梯相似。如在露天演出便用墨笔在白纸上画出格子来即可。

电梯格子拿下时便可做花园的门。萧伯纳，高尔基像可以布幕绘之或省去。

第四幕死人捉住了活人那一大段从出场至落场皆可省去不演。

出版说明

"大家小书"多是一代大家的经典著作,在还属于手抄的著述年代里,每个字都是经过作者精琢细磨之后所拣选的。为尊重作者写作习惯和遣词风格、尊重语言文字自身发展流变的规律,为读者提供一个可靠的版本,"大家小书"对于已经经典化的作品不进行现代汉语的规范化处理。

提请读者特别注意。

北京出版社